执行赋能

姜镪 ◎ 著

中华工商联合出版社

图书在版编目(CIP)数据

执行赋能 / 姜镪著. —北京：中华工商联合出版社，2023.3
ISBN 978-7-5158-3622-5

Ⅰ.①执… Ⅱ.①姜… Ⅲ.①企业管理－组织管理学 Ⅳ.①F272.9

中国国家版本馆CIP数据核字（2023）第 039957 号

执行赋能

作　　者：	姜　镪
出 品 人：	刘　刚
责任编辑：	胡小英　楼燕青
装帧设计：	华业文创
责任审读：	付德华
责任印制：	迈致红
出版发行：	中华工商联合出版社有限责任公司
印　　刷：	三河市华润印刷有限公司
版　　次：	2023 年 4 月第 1 版
印　　次：	2023 年 4 月第 1 次印刷
开　　本：	710mm×1020mm　1/16
字　　数：	170千字
印　　张：	16
书　　号：	ISBN 978-7-5158-3622-5
定　　价：	48.00 元

服务热线：010－58301130－0（前台）
销售热线：010－58302977（网店部）
　　　　　010－58302166（门店部）
　　　　　010－58302837（馆配部、新媒体部）
　　　　　010－58302813（团购部）
地址邮编：北京市西城区西环广场 A 座
　　　　　19－20 层，100044
http://www.chgslcbs.cn
投稿热线：010－58302907（总编室）
投稿邮箱：1621239583@qq.com

工商联版图书
版权所有　侵权必究

凡本社图书出现印装质量问题，请与印务部联系。
联系电话：010－58302915

序 言 PREFACE

管理工作纷繁复杂，许多领导者常常迷失方向，或者不得要领，结果陷入忙乱的工作状态，效率低下。穿透管理的迷雾，我们必须跳出"管人"的误区，重视执行，一切靠业绩说话。

没有执行力，任何优秀的战略与精妙的策划都是空中楼阁。执行力是优秀企业决胜市场的关键一招。许多世界500强企业非常重视执行赋能，展示出"把简单化为神奇"的惊人威力。

正所谓，没有彻底的执行，再伟大的战略都等于零。研究发现，任何一个优秀的战略都不是一蹴而就的凭空臆断，都需要管理者以踏实的心态对公司所处的宏观经济环境与行业发展特点进行透彻的分析、研究；在这个基础上，结合公司的资源来确定切实可行的规划，并付诸行动，让美好的构想开花结果。

麦当劳和肯德基在经营品类上远远逊色于中国菜，但是它们把店开到了世界各地；沃尔玛每年赚取高额的利润，但是它只是一个超市；星巴克以前靠卖牛奶咖啡为生，但它却成了当今受众最广的咖啡品牌……

执行赋能

在各行各业，那些优秀的企业并非在经营某种伟大的东西，却凭借执行赋能创造了行业奇迹，成为伟大的标杆企业。

那么，什么是执行赋能呢？简而言之，它是赋予组织成员把目标变成结果，进而为客户创造价值的能力。在执行管理工作中，领导者需要有效激发个体的潜能和激情，从而提升其参与感、主人公意识。员工积极主动应对岗位挑战、胜任岗位职责，才能及时有效地响应客户需求，在为客户创造价值的基础上为组织带来效益。

在日常管理工作中，我们要时刻树立这样一个信念：放弃管人的欲望，追求做事的效果。因为事情本来再简单不过，复杂的是你的思想，是你对事的态度，是你处理问题的方法。就像原本可以直奔行动的结果、办事的主题，偏偏有的人陷入了利益的纷争、人事的误区，结果把简单的问题复杂化，最终降低了管理的效率。

以赋能个体、激活组织为导向，这是未来管理的新趋势，也是新时代企业管理面临的巨大挑战。卓有成效的管理者懂得聚焦执行赋能，妥善解决管理过程中的不执行、难执行、执行不落地等难题，为企业可持续发展奠定基础。

三流的点子加一流的执行力，永远比一流的点子加三流的执行力更好。一个企业失去执行力，就等于失去了未来；一个团队没有执行力，就无法创造高业绩。今天，拥有自驱力的企业才能适应新的竞争局面，而执行赋能无疑是打造自驱型企业的制胜一招。

目 录
CONTENTS

第01章　先有自驱型员工，后有团队执行力 001

　　工作态度比工作能力更重要 002

　　战胜思维惰性，培养主动精神 006

　　帮助员工产生"获得感" 009

　　把简单的事情做到极致 012

　　别拒绝看似不可能完成的任务 015

　　少说"我"，多说"我们" 018

　　在团队中，你并不比别人差 022

　　如何激发员工的工作潜能 025

　　从学习型员工到学习型组织 028

第02章　抓落实：确保每项工作执行到人 033

　　永远像小公司一样行动 034

　　将全部精力聚焦于一件事 039

　　坚决把各项工作落实到位 043

　　把每个员工都纳入全局之中 047

　　采取具体途径领导变革 050

执行赋能

第03章	按流程办事让公司运营更高效	053
	没有规矩不成方圆	054
	标准为公司创造无穷的收益	057
	建立严格的岗位责任制度	060
	长计划，短安排，实现持续发展	062
	务必抓好现场质量管理	065
	全力建立高效的管控模式	068
	变经验管理为科学管理	073
第04章	科学合理的授权能释放员工的工作潜能	075
	领导者必须懂授权与放权	076
	为下属提供释放个人才华的舞台	079
	掌握科学授权的十个关键	082
	授权之后不忘记反馈性控制	086
	强化对中层干部的监督工作	092
	按照管理层次和岗位职责对下属授权	096
	无为而治是管理的最高境界	100
第05章	执行管理工作要以结果为导向	103
	不问做了什么，只问结果如何	104
	奥卡姆剃刀定律：把握关键，化繁为简	108
	在公司内部实现快速复制的能力	110
	用目标约束员工，努力实现梦想	115
	年初有计划，年底有总结	118
	二八法则：抓大放小的做事智慧	122

第06章　效率至上：把高效执行力变成团队战斗力　125

追求"日事日毕，日清日高"　126
不要让指令成为一纸空文　129
艾森豪威尔法则：分清主次，高效成事　134
立即行动才能战胜拖延症　137
如何避免做事只有三分钟热度　140
学会开一个高效率的会　143
利用逆向思维快速解决问题　146
从错误中学习，而非发牢骚　149

第07章　细节管到位，事情才能做到位　153

工作无小事，细由勤中出　154
真切地关心员工，心动才能行动　158
走进员工的内心，提高团队凝聚力　162
带队伍要从细微处入手　166

第08章　奖惩分明让团队更有执行力　171

赏罚分明：我踢人，但也拥抱人　172
差异化才是真正的公平　175
失败也值得奖励　178
业绩是提拔员工的重要标尺　183
必要的时候给予适度惩戒　187

第09章　化危为机：坚持做难而正确的事　191

在困境中大胆突破"瓶颈"　192

　　　　　破除官僚主义，让企业轻装上阵　　　　　　　　196
　　　　　渐进式革新带来稳健成长　　　　　　　　　　　201
　　　　　处理危机的"九大黄金法则"　　　　　　　　　206
　　　　　没有完美的办法，但有更好的办法　　　　　　210

第10章　确保员工与组织共同成长进步　　　　　　　　　213
　　　　　领导者要帮助下属获得成功　　　　　　　　　214
　　　　　让员工拥有弹性的工作计划　　　　　　　　　217
　　　　　改变环境不如改变自己　　　　　　　　　　　221
　　　　　不要忘了与员工利益共享　　　　　　　　　　224

第11章　执行管理的艺术：把握好松与紧的尺度　　　　　229
　　　　　人性管理与情感管理　　　　　　　　　　　　230
　　　　　管理是刚性的，但管理者要有柔性的一面　　　233
　　　　　通过协调，使"松""紧"平衡　　　　　　　237
　　　　　多一些领导，少一些管理　　　　　　　　　　243
　　　　　像和风细雨一样感化犯错的员工　　　　　　　246

第 01 章
先有自驱型员工，后有团队执行力

执行赋能

工作态度比工作能力更重要

三百六十行,行行出状元。每份工作和职业都有其存在的价值。无论你是一名基层员工,还是一名公司高管,在工作中都应该秉持认真、积极的态度做事。请牢记,工作态度比能力更重要。你怎样看待工作,工作就会给你怎样的回馈。

做事的态度决定事业的高度,用积极的态度做事,会更加从容。还没开始做事情,你就认为它不可能成功,那么它当然就不会成功;或者做事情时三心二意,马马虎虎,那么事情也不会有好结果。

工作态度比工作能力更重要,认真积极做事能有效弥补能力上的短板,甚至会在一段时间以后让你的能力有突飞猛进的增长。显然,拥有自驱力的员工会自动自发地做事,极大地提升执行的效果。

英国首相玛格丽特·撒切尔夫人是一位工作态度非常积极的人,这与她从小受到的"残酷"教育有关。

玛格丽特·撒切尔出生在一个小镇，父亲对她的教育非常严格。父亲要求她，无论做什么事情，都要争当第一，不能落后于人。在父亲严厉的教导下，玛格丽特在学习和生活中，事事争第一。

上大学时，她成绩非常出色，用一年的时间修完了五年的课程。与此同时，她还兼修体育、音乐、舞蹈等课程。1979年，她出任英国首相，成为政坛上耀眼的一颗新星。

一个人在工作中所秉持的态度，会把他与周围的人区分开来。一个努力、积极工作的人，时间久了会获得更大的职业上升空间。"干一行，爱一行"，在什么时候都不会过时。日出日落，朝朝暮暮，同样的工作，却因为态度的不同而业绩迥异，工作前景也会产生天壤之别。

每个人都有不同的职业生涯，有的人拼搏几年就成为公司的顶梁柱，得到领导的器重和赏识；有的人从业十多年却无所事事，仍旧在公司的最底层；有些人总是嫉妒他人的职业和前景，而不从自身寻求原因。其实，除了少数智商极高的人，大部分都是平凡的普通人，而一个人的成就有多大，从根本上取决于他数十年如一日的工作态度。

一位资深HR在对员工进行业绩考核时，认为不仅仅要看一个员工的工作能力和业绩，还要看一个人的工作态度。在他看来，能力决定了一个人是否能胜任这份工作，而态度则决定了一个人的发展空间。

那么，在工作中应该秉持什么样的态度呢？

执行赋能

1. 热爱你的工作

如果你对工作失去了热忱,又怎能期待工作带给你丰厚的回报呢?如果你非常热爱自己的工作,那么每天会带着愉快的心情上班,无论做什么都容易出业绩;如果你非常讨厌自己的工作,那么每天就会产生倦怠感,根本无法兢兢业业地做好分内之事,更无法应对各种突发状况。一个人在工作中消极怠慢,怎么会有执行力可言呢?

2. 积极认真地做事

也许你是不起眼的前台,或者是一个小小的出纳,无论从事什么工作,都别看轻自己,应该积极认真地做事,在工作中修心、修行。如果你每次都敷衍了事,必然无法掌握工作的核心要领和技能,更不会取得耀眼的成就。长此以往,不但无法提升团队的业绩,也会因为丧失战斗力而面临被淘汰的悲惨结局。

3. 努力对待,赶超自我

你需要秉持自信的态度,努力地做好自己的本职工作,不好高骛远,脚踏实地,也要相信在平凡的岗位上做出不平凡的业绩。努力不一定有收获,但是不努力一定不会有收获。努力对待工作中的成功与失败,做事不骄不躁,自然会逐渐从一棵小草长成为参天大树。

人生是奋斗出来的,工作业绩是干出来的。也许现在的你还在迷茫,因为能力不强、经验不足而丢失了目标,失去了工作的动力。不妨从现在开始，记得热爱自己的工作，积极认真地做好每一件事。

一位哲学家认为，人生所有的能力都必须排在态度之后。可见，态度是一个人的内在驱动力。对公司来说，员工拥有良好的工作态度是顺利发展的保证。如果所有员工都能树立正确的工作态度，并全身心地投入到工作中去，那么企业将会一往无前。

执行赋能

战胜思维惰性,培养主动精神

本来昨天就应该完成的工作,结果犯懒拖到了今天;上周末就该检查项目进度,结果都到这周末了,依然不想做……几乎人人都有过类似的拖延经历,这是"思维惰性"在作祟。不难想象,思维惰性是高效执行的大敌。

懒惰是人性的组成部分,在潜意识里,人都是好逸恶劳的,表现出来就是各种各样的拖延症。从心理学角度来讲,拖延往往会让人背上沉重的心理负担:悔恨、愧疚、压力、烦躁、不安……如果想远离这种糟糕的状态,就必须战胜思维惰性,在工作中养成积极行动的好习惯。

周强在周一上班的路上就做好了一天的工作规划:上午做月度总结,下午草拟下个月的财务预算。

9点,他准时到达办公室,打开电脑登录QQ,自动弹出的腾讯新闻中有一条很有趣的消息,他不禁点开阅读,不知不觉就看了20分钟。好不容易要开始写月度总结了，却发现办公桌上堆满了文件，杂乱无序的办公桌十分影响心情，于是他又花了十几分钟收拾桌面。

月度总结好不容易开了头，一个投诉电话打过来，周强又放下手头的工作开始处理投诉。等处理完投诉已经11点多，马上要吃午饭了，他想反正月度总结也写不完，索性看看网页……

结果一整天过去了，早上计划做的工作还处在搁置状态中，只能等第二天上班再做了。

其实，周强的工作状态是很多职场人的真实写照。拖延已经成了当今职场人的通病，而克服拖延却十分困难。

要想战胜心理惰性，彻底摆脱拖延症，必须先了解造成拖延的因素。相关研究者认为，引起拖延的心理成因有四点：对成功信心不足、讨厌被他人委派任务、注意力分散且容易冲动、目标与实际的酬劳差距太大。

那么，怎样才能远离"拖延"，养成积极主动的行为习惯呢？

1. 坚决不逃避

随着移动互联网、智能手机、平板电脑等的快速普及，人们的消遣方式越来越多，越来越方便。当遇到难以解决的问题，面对枯燥无味的工作时，人们常常会本能地选择逃避，而网络所提供的各种娱乐，就成了人们躲避的"乐园"。

逃避不能解决问题，只会让问题更严重，所以不管面对怎样的困难和挫折，都要勇敢面对，要用强大的意志力战胜惰性，戒除拖延。

2. 要立即行动起来

如果人总是处于空想或思虑状态，那么自然会变成"思想上的巨人，行动上的矮子"。在现实生活中，空想与拖延往往是一对双生姐妹花，如果做事总是瞻前顾后，前怕狼后怕虎，那么行动难免拖拖拉拉。

提高行动力是战胜思维惰性的一个有效办法，我们不妨有意识地强化"行动"观念，以免被毫无根据的"空想""幻想"阻碍行动。

3. 要培养探险意识

"好奇心"是人们行动最原始的驱动力，我们要保持对新鲜事物的好奇心，有意识地培养勇敢、无畏的探险意识。为此，我们可以有针对性地参加诸如跳伞、蹦极、攀岩等探险类的活动，这有助于我们养成"迎难而上"的行动习惯，对克服思维惰性、改变固化思维有很大的帮助。

正如莎士比亚所说，"放弃时间的人，时间也会放弃他。"如果不能战胜思维惰性，那么等待你的将是无休止的拖延和无止境的恶性循环。从今天开始，告别得过且过的拖延习惯，积极主动地完成工作吧！唯有如此，你才能提升执行力，成为最可信赖的团队成员。

帮助员工产生"获得感"

在现代企业管理中，让员工产生获得感，是充分调动团队积极性的有力手段。当然，光靠"以厂为家""以公司为家"的宣传是没用的，必须让员工看到实实在在的东西，比如采取股权分配制、按功计酬的薪酬制度等。这样，员工才会将企业真正当成发挥能力、达成人生目标的理想之地，从而产生发自内心的获得感，并真心实意地奉献自我。

微软公司在招聘中聚焦青年才俊，正是这些人把微软的事业推向顶峰。对此，比尔·盖茨毫不避讳。当被问及公司成功的秘诀时，他说："我们聘用出色的人。"

比尔·盖茨是一个以自我为中心的人，他率性而为，在任何时候都保持自己的个性而不迁就别人。一般来说，这种个性很容易让人反感，使自己处于孤立的状态。但比尔·盖茨的可贵之处就在于：他虽武断但不专横，允许别人保持自己的个性，也能容忍别人的针锋相对。这样，

执行赋能

大家在同等权利下交往，不至于有受伤害的感觉。那些刚开始不习惯比尔·盖茨的人后来却越来越喜欢他，就是这个原因。

而且，公司的组织形式随着业务发展，也悄然发生了变化。微软公司的初期形式是合伙人制，比尔·盖茨和保罗·艾伦共享公司的所有权。

1981年7月1日，微软公司成了华盛顿州的一家正式股份公司。起初，微软公司的股票只有少数内部人购买，盖茨、艾伦分别占有股份的53%和31%；鲍尔默占8%左右，拉伯恩占4%，西蒙伊和利特文大约占不到2%。

许多在微软公司干了多年的人，对股票分配方式不满。他们有功劳，但股票只发给了比尔·盖茨最亲密的伙伴。

在人们的呼声中，微软公司的股票购买权计划很快得以实行。当然，这一计划用了四年时间才陆续完成。微软公司的原始股价为每股95美分，可以给每位新雇的程序员5 200股，来得较早的人得到的更多。

到了1992年，这些原始股每股值1 500美元，购买原始股票的人都赚翻了。当然，这是后话，此时微软公并未上市，股票只是公司内部分红的依据。这种将股票购买权分给雇员的方法，可以使雇员产生一种获得感，使员工确确实实地感到他们是在为自己工作。

培养自驱型员工不能仅仅依靠愿景、使命、制度，还要给每个人实实在在的利益。聪明的领导者懂得与员工分享利益，彻底激发团队的执行力和战斗力。

古人说得好，"得人心者，得天下；失人心者，失天下。"领导者如果想得人心，应当忠实地实施利益分享的原则。利益分享——这是当今时代的一条重要的用人原则，也是对员工的一种激励策略。

显然，平时给员工适当高一些的薪水，对员工有劳有得，有功更有赏，随着公司收益的大幅度提高，员工也能从中受益更多。如果在分配机制上做到位了，公司怎么会留不住人才呢？员工有什么理由不好好工作呢？

执行赋能

把简单的事情做到极致

很多人都不喜欢做简单的事情，认为这些事情根本就不值得一做，与其耗在这么没有含金量的事情上，与其浪费自己的宝贵时间，不如寻找点刺激，做一些有挑战性的工作。但是，事实并非如此。一个人如果连简单的事情都做不好，又怎么去做复杂的事情呢？

任何时候，你都不能够轻视自己的工作，每一份困难的工作都是简单工作的累积。因此，你需要在做每一份工作的时候都全力以赴，你需要积极主动地把它做到尽善尽美。你看看那些高楼大厦，如果没有一砖一瓦的累积，又怎么能成就其伟大。

每个人都渴望在舞台上证明自己的实力和优秀，但有的时候却总是徘徊在梦想阶段，好高骛远，而忘记了脚下的路。每个人的成功都是从最基础的工作做起的。越是基础、简单的工作越能展现自己的价值和走向成功的机会。每一份简单的工作都值得我们去做，不仅仅要去做，还要把它做到极致。

年轻的修女在进入修道院之后想从事一些挑战大的工作，没想到却被安排了织挂毯这一简单的工作。起初，她还有耐心，每天兢兢业业，但是几周之后便开始厌倦这份工作，觉得这根本就不适合她。她想换一份工作。

有一天，她觉得百无聊赖，感叹道："我真的不知道我自己在干什么，她们给我的指示太模糊了。我一直在用鲜黄色的丝线编织，一会儿让我打结，一会儿又让我剪断，真的不知道自己是在干什么。这份工作对我来说没有任何意义，真的是做不下去了，到底要怎么办？"

结果，旁边的老修女说道："你的工作并没有浪费时间，也不是没有意义。你的工作看似只是很小的一部分，却是至关重要的一部分。我带你去个地方，你就知道了。"

修女带着好奇心跟着老修女走到工作室里摊开的挂毯面前，她完全呆住了。此时她才明白，原来她们编制的是《三王来朝》图，而她所织的那一部分是圣婴头上的光环。令她完全没有想到的是，她所做的如此简单的工作竟然是一件如此伟大的事情。

修女明白了这个道理之后，工作起来兢兢业业，将其做到了极致和美好。也许她暂时看不到整个编织的美丽，但都是建立在简单的编织基础之上的。因此，她要更加努力，做到更好。

一个人只有努力地把自己的工作做到位，把简单的事情做到极致，才能让自己的工作充满意义。任何工作都是环环相扣的，少了任何一个环节都不行。每个人只有站好自己的岗位，扮演好自己工作的角色，整个工作才能凸显其应有的价值和意义。而你也会因简单而变得更加阳光自信，更好地从事挑战性的工作。

没有看不上的工作，任何工作都值得我们去做。一个企业，如果每个员工在工作中都不愿意从事简单的工作，只是敷衍了事，又怎能希冀工作得完整到位，到头来只会给公司带来一些不必要的损失，而自己的前景也堪忧。相反，如果每个人都能把简单的事情做到极致，那么整个企业的发展前途必然是光明的。

一个优秀的员工能够把简单的事情做到极致，在平凡的岗位上发挥自己的优势和能力，不断地重复，不断地突破，将其做到更好。每个员工千万不要小看一份工作，要学会足够坦然，淡定，在简单中蜕变，做到极致，挑战未来。

成功，就是积极主动地将简单的工作做到位。不要怀疑简单对你的挑战性，做到极致才更好。现在的你需要放下所有的顾虑，让自己在简单中成长，在简单中挑战难度，在简单中实现自己的职业目标。

别拒绝看似不可能完成的任务

通往成功的道路并非一直平坦，人生因为曲折才更加精彩。面对潮起潮落，曲曲折折，唯有勇往直前，持之以恒才是治疗的良药。每个人都应该秉持一颗坚定的心去完成一些看似无望的事情。正所谓，梦想一定要有，万一哪天就实现了呢？

当一件看似不可能完成的任务摆在面前时，大多数人出于本能会后退一步，选择把烫手的山芋扔给别人。这样做的结果是，他们可能终其一生都没有勇气向不可能完成的工作挑战。而情商高的人，即使没有在面对"烫手山芋"时的主动请缨，也不会说"我做不了"这样的话。

李伟在公司工作多年，虽然没有任何职位，但他为人稳重，任劳任怨，得到了公司大多数人的肯定和赞赏。

有一天，经理得知外地一个小城镇需要公司的产品，便有意选派人员前往。大家都知道这项任务艰巨，纷纷退避三舍，李伟看到这种情况，就主动承担起了这项任务。

不出所料，李伟在小城镇接连遭遇挫折。他在该城联系了几家工厂，虽然事先和几家工厂的负责人通过电话，但到那里之后，他发现要和一群素未谋面的人建立信任、达成共识，并签下合同，简直太难了。尽管如此，他仍然详细解说了本公司的产品，还真诚地给那些工厂做赢利分析。

这一天，李伟偶然遇到了一个只有一面之缘的客户，虽然并无业务来往，李伟却准确地说出了对方的名字，令客户大为感动，双方很快签署了合作协议。在这个客户的带动下，有好几家公司也和李伟签了约。当他准备离开小镇的时候，签约的客户已经达到了8家。

经理得知李伟要回公司，不仅亲自迎接，还送上了一份任命通知书。原来，当李伟主动接下这个任务的时候，总经理就决定给他升职了。

很多时候，人们会将眼前的困难放大，尤其面对领导分配的难以完成的任务时。殊不知，这样的任务虽然要求很高，但上司的心理期望值并不高。

此时，如果你习惯性地说"我不行"，领导可能会觉得你真的不行，以后就不会给你派任务了。这样一来，你虽躲避了挑战，但同时也失去了机会。相反，如果你先把工作接下来，然后抱着"这个我做起来有点难，但是我会努力"的心态做事，最后就会有超乎想象的收益。即使完成得不够好，你也不会损失什么。

"只要有无限的激情，几乎没有一件事情不可能成功。"平庸的人喜欢用"不可能"，他们总是说这不可能，那不可能，其结果就是真的不可能了。

如果你想有所作为，就不要拒绝看似不可能完成的任务，应该用一种良好的应战心态，勇于接受挑战。许多事情看似不可能，其实是功夫未到。请记住：只要去做，一切尽在掌握！

一个人只有持之以恒、努力奋斗才有可能抵达沙漠的尽头。你需要坚信自己的梦想和抉择，坚持自己选择的路，就算流泪流汗也不能放弃。也许路途的曲折艰难非你所想的那么容易，也许你走到一半会怀疑自身的坚持，没有关系，你只有更加坚定才能战胜困难和挫折，才能享受胜利的喜悦。

当困难摆在眼前时，人们习惯于在心理上将其放大，这源自人类逃避的本能。我们要勇于向不可能完成的任务发起挑战，只要功夫到了，总会有所收获。

少说"我"，多说"我们"

在日常生活中，有一个字用得最多，那就是"我"这个字。但"我"并没有很深刻的自我认识含义，认识一个人应该是从他的专属名字开始的。正如松下所说，一个人对自己需要有充分的认识，也可以说是一种自觉。首先要明确地认识这个名字，并将它置于一定的团体概念之下。

例如，所有的人都有一个自己专属的名字。假使你是山本三郎，你就要确知自己是"山本三郎"，更重要的是："我是日本的山本三郎。"这是第一步。

而当一个人进入公司之后，要有更进一步的新认识，即"日本某公司职员某某"。这是第二步，因为他把自己限定于范围更小的团队意识中了。

第三步是通过对企业理念的学习和团队精神的理解，在自我心中培养和产生与公司共存亡的信念。这样,这个人存在的价值就会变得非常大,同时也能感化周围的人。团队精神和执行力也因此加强了。然而每个公司都缺乏这样的人。不过,大多数的成功者都是从这种人物中诞生的。

松下认为,一个人成功非常容易,因为他可以借助团队的力量和精神。可是很多人却不能成功,这是因为他们舍弃了团队共同努力这条康庄大道,最后踏上了自我奋斗这条小路。放弃大路走小道,结果不是掉在泥沟里,就是因为路途崎岖而行程缓慢。

当今世界的一个显著特征是,由于不断地分化而变得深入,由于不断地综合而变得全面。作为一个优秀的企业家,松下幸之助明确地看到了这一点。他指出:"当学问划分愈来愈仔细时,一些衔接的学问便渐渐重要起来。所以需要将细分的学问加以统合,也可说是调和的学问相对增加。现今的日本正是这种情况。若以医学而言,有人学牙科,有人学耳鼻喉科,有人学眼科,各有专精。这种情形并非不好,可是人们还需要耳与眼的调和;若缺乏这种学问,还是很不方便。"

在一个团队中,有不同能力的人很多,他们都专注于自己的技术或能力,那么如何让他们相互配合,产生强大的效力,使团队更具凝聚力呢?从这一角度出发,松下提出了一种独特的学问,即"调和学"。

举一个简单例子,如果在企业里忽略了经营者与工会之间的联系,则经营无法成立。只有让它们之间产生联系，才能成为一个完整的企业。如果男人与女人只强调各自的特征，而不考虑加以"调和"，说不定最后会演变成男人与女人的战争。

松下认为，调和存在于一切事物中，但它并不是固定的，而是不断向前发展，问题在于如何"调和"。团体中的每个人都有调和的意志，只是不知调和的方法。这就要靠训练、靠研究、靠教育。

比如，一个企业有两万名员工，但如果不懂得"调和"，那么这两万名员工就不能真正发挥应有的力量，创造不出什么业绩。如果一味地放任不管，这两万人就成了乌合之众、一盘散沙。所以企业家在提高每个员工执行力的同时，也必须考虑这两万人的团体合作。如果企业有两万人，可以分成若干个团体，然后联合成一个大团体。这样，就会使大家形成一股凝聚力，产生一种责任感。同时也要保持谨慎，避免这个团体产生负面作用。

如果人类的思想趋于相同，事情就好办了。实际上，人的思想非常复杂且怪异，如果让每个人的思想随时导向相同的地方，问题就更为棘手。即使在企业的管理层中，大家的思考方式也不同。因此，即使想集合每个人的力量，也绝非易事。实现这种"调和"，是一个企业中最重要的事。

团队的力量，是由团队中所有人共同创造的，只有调和好团队中每个人的思想，使其为了一个共同的目标共同努力，才能发挥巨大的力量，产生无限的潜力。为此，管理者在团队沟通中要少说"我"，多说"我们"。

"我们"与"我"的区别，就是范围扩大了。管理者和员工的根本利益是一致的，把范围扩大后，员工会感觉自己也是企业的主人，从而提高工作的主动性，执行力也会大大增强。

在团队中，你并不比别人差

"我行吗？我是不是比别人差？"你有没有过这样的怀疑和猜忌，觉得自己不如他人，害怕因为自己的失误和能力不足，影响集体的荣辱和团队的进展。其实，这是你缺乏自信的一种表现，这样的情况不会使你进步，反而会使你落入自卑的旋涡，得不到任何进展。

身处于大集体中，每个人都直接或间接地与他人发生关系，而团队合作最注重的就是精诚合作，团结一致攻克难关。也许任务本身很困难，但是只要每个人充满自信，发挥自己的最大优势就能取得不错的成绩。就个体而言，每个人都应该凭借自己的优势为团队做出自己的贡献。在团队中，你并不比别人差。

众人拾柴火焰高，每个人都是团队合作中不可或缺的力量。置身于这个大集体中，每个人都是平等的存在，每个人都有自己的优势和弱势。但是，既然是团队合作，那么每个人都应该发挥自己的力量，都应该是平等的，并没有所谓的优劣之分。所以，关键的问题在于你要足够自信，要从心底里告诉自己你就是优秀的，你并不比任何人差。

你才是自我命运的主宰，别人不能决定你人生的方向和命运。在团队合作中，也许你们面对的是很简单的事情，也许你们面对的是难度极高的任务和挑战，但是不管任何任务，你都要学会自信地面对，为自己的团队贡献自己的一份力量。其实这本身对你来说也是一种挑战，是一种关乎自信的较量。

在职场中的你，已然与公司的命运捆绑在了一起。公司的兴盛是每一个员工共同努力的结果，公司面临困难就需要我们共同努力面对。所以，每一个人都有其工作的价值，不要因为自己只是一个小小的员工，就觉得自己没有什么功劳。只要你足够自信，勇敢面对，你就能够尽自己最大的能力为团队贡献自己的力量。

某公司遭遇债务危机，原本昌盛的公司一下子陷入了困顿之中。公司董事长试图通过大规模的裁员来减轻公司的负担。但是，一次偶然的机会改变了他的想法。

有一天，他早早来到公司上班，路过大堂的他发现前台的一位员工已早早就位开始工作了。以前的他从未注意过这些，心想怎么会有这么努力勤恳的员工呢？于是，他走到前台，跟这位员工聊了起来。董事长问他："你怎么这么早就来上班呢？再说，公司都准备裁员了，你怎么还要这么早来，按时到就可以了呀！"

员工告诉董事长："也许在大家看来，我只是一个小小的前台，但是如果一个公司没有了前台，谁去引导拜访的客人呢？现在公司遭遇了危机，每个人都觉得自己不会在这里待太长时间了，都觉得很有负担，但是我想给他们带来阳光自信。我要用我的笑容告诉他们，不管职位高低，能力大小，大家都是一样的，如果每个人都能自信地面对挫折和困难，发挥自己的优势，相信公司一定会转危为安。"

听了前台的话，董事长瞬间改变了想法。上班后，他立马召集了各部门的领导召开了员工集体会议，告诉每个员工，我不会裁员。他希望每个人员工都足够自信地面对困难，相信自己，贡献自己的力量。员工听后，顿时感到信心百倍。一年之后，公司度过了债务危机。而那位不起眼的前台也得到了老板的重视，晋升为部门主管。

对自己保持自信，相信自己是最棒的。在团队工作中，特别是当团队面临重大的困难和挑战时，每个人都有自己的优势，每个人都应该有足够的自信，小小的力量碾压势不阻挡的困难。团队合作不会因为你的能力不足而抛弃你，相反它会给你足够的勇气让你来面对未来的挑战，挑战自我，走出新高度。

你在工作中会遇到很多人，很多事，有些事情需要小组或者全体员工的共同努力。只有每个人自信满满，精诚合作，才能竭尽所能发挥自己的最大优势，在彻底的执行中为公司创造最佳的效益。

如何激发员工的工作潜能

潜能是指人类原本具备却没有被开发出来的能力，也称作潜力，它埋藏于人的潜意识之中，因为个人或外在的条件所限没有得到发挥和运用。管理者只有充分挖掘员工的工作潜能，才能最大限度地引导他们释放才智，发挥人才应有的价值。

王强是一家皮鞋厂的业务员，为了开拓新市场，经理派遣他去非洲某个国家推销皮鞋。这个国家处于赤道地区，终年炎热高温，当地人觉得穿鞋会更热，因此常年赤脚。

到达目的地以后，王强发现当地人不穿鞋，既诧异也失望。他心里想："既然他们都赤脚，那他们又怎么会要我们的鞋呢？"于是，他放弃了努力，沮丧而归。经理了解完事情的原委，并没有责备王强，反而引导他逆向思考问题：那里的人不穿鞋，简直是一个巨大的市场。

听到这里，王强茅塞顿开。随后，他返回当地，想尽各种办法向当

执行赋能

地人列举了穿皮鞋的各种好处，比如脚不容易晒伤，不容易被利器割伤等等。刚开始大家都不相信，后来他就免费让人试穿。结果试穿的人非常满意，因此大家开始纷纷购买皮鞋。短短几天之内，王强带来的皮鞋被抢购一空。

在工作方面，潜能是指员工以极高的热情和积极性最大限度地发挥自己的能力，为企业发展做出贡献。那么，应该如何激发员工的工作潜能呢？

1. 培养员工的主动性和创造性

管理者对员工的赞扬和欣赏在工作中非常重要，每个员工都渴望上司的赞扬和鼓励。在领导的鼓励下，他们会心甘情愿、全力以赴地去工作。这不仅仅包括一些口头上的表扬，还包括一些物质上的奖励，如升职加薪等。

2. 责任到人，培养其敬业的态度

用人者可以建立相应的员工责任制度和考核机制，每季度对员工的综合素质予以评价，优秀者予以鼓励，反之则予以鞭策。每个人的职位在工作中都起着至关重要的作用，完成自己的本职工作，才能更好地走在其他人的前面。

3. 重视员工的工作兴趣

兴趣是最好的老师，每个人都有权根据自己的兴趣爱好选择自己喜

欢的岗位。一份自己喜欢的工作，可以充分调动自己的主动性、积极性和创造性。

4. 坚持教育培训，促进员工的成长和进步

领导在管理公司和员工时，要定期地对员工进行职业培训。企业需要什么，需要员工怎么做，就应当给员工提供相应的理论和技术知识培训。领导要时刻关心他们，搭建企业和员工沟通的桥梁，尊重知识，尊重人才，促进企业和员工的共同成长和进步。

5. 以企业文化为核心，培养员工的认同感

每个企业都有自己的特色，企业文化是企业赖以生存的前提和基础。优秀的管理者懂得把企业文化融入每个员工的价值观中，使其认知到企业文化也是以员工为本的文化。在发展企业文化时，增强员工的认知和融入，能使企业更好、更快地发展。

经济的发展和社会的进步，对每个人提出了更高的要求。对管理者而言，激发员工潜在的素质和能力，对企业的发展至关重要。好的员工也需要伯乐的引导。一个优秀的企业需要精明的管理者，激发员工的潜能，为企业谋取更大的福利。

执行赋能

从学习型员工到学习型组织

彼得·圣吉说:"系统思维和创造性思维根源于知识的灵活运用和潜能智慧的开发。学习型企业对于企业的发展、融合、改造极其重要,新经济环境下最成功的企业仍然是学习型企业。"

学习力,是最可贵的生命力。当代社会科技发展日新月异,知识总量的翻番周期愈来愈短,从过去的100年、50年、20年缩短到5年、3年。一个不争的事实是,历史绵延已久的"一次性学习时代"已至终结,学历教育已被终身教育取代。

学习力,也是管理者最活跃的创造力。创新是知识经济的本质特征,也是支撑一个企业竞争力的核心。在美国硅谷,那里不仅海纳百川、人才济济,而且还拥有众多的研究院和大学,数以十万计的学者、教授、博士、发明家、企业家、金融家聚集一起切磋,交流碰撞。他们勇于创新,敢为人先,鼓励尝试,宽容失败,形成了学习力、创造力很强的创新文化，进而成为全球最活跃的创业中心之一。

学习力，还是最本质的竞争力。当代被《财富》杂志列为世界500强的大企业，堪称全球实力最强的企业。然而，20世纪70年代的全球500强，到80年代已有三分之一的企业销声匿迹了，到20世纪末则所剩无几。

这一嬗变，一方面反映了新科技革命风起云涌，新经济迅速淘汰、切换传统产业已成不可逆转的大趋势；但另一方面，也反映了许多大企业不善于与时俱进，跟不上信息时代的急促步伐，不得不走向灭亡。

20世纪末最成功的企业是学习型组织，它不仅会使企业业绩佳、竞争力强、生命力强、具有活力，而且会使组织成员在学习过程中，逐渐在心灵上明白生命的意义，获得品质与技能的提高。随着知识经济的到来，企业结构形式开始由高度集中的金字塔式逐渐向扁平式发展，具有学习所必需的灵活性。管理的核心将逐步向有利于发挥人的主观能动性转变，实现由线性思维向系统思维与创造性思维转变。

实践证明，企业凡通过自我超越、心智模式、团体学习等提高学习的修炼，都能在原有基础上重焕活力，再铸辉煌。其成功的奥秘在于：一是能以最快速度、最短时间从内外资源中学到新知识、获得新信息；二是管理层能不断提高学习能力；三是加强组织整体学习，取得最大的成效；四是以最快的速度、最短的时间把学习到的新知识、新信息应用于企业变革与创新，以适应市场和客户的需要。

对于管理者来说，如何提升团队的学习力，始终保持旺盛的执行力

执行赋能

呢？具体到加强学习，学习的原则是什么呢？

未来，企业管理者在学习过程中必须遵循以下六个原则。

1. 把学习作为一项战略抉择

这是首要原则，因为对任何企业来说，它都代表了学习问题的本质。要使学习为企业服务，必须先让学习成为战略抉择：企业管理者必须认定，学习是一个战略问题，并且事关经营的成败。

对于企业管理者来说，站起来称"我们要学习，要以学习创造未来"这是一件很简单的事。但是，对于一家规模庞大、权力分散、以业绩为中心的企业来说，学习将会影响到所有人员和市场，要让不同地方的不同人员抱有同样的学习渴望，将会非常困难。因此，管理者必须把学习作为企业的一项基本战略，长期持续地执行。

2. 坚决克服学习的障碍

每家企业都连接着市场，企业的阶段性经营成果比以前任何时候都要重要。这种紧迫感使企业管理者们急于行动，而这反过来就会妨碍他们学习。毕竟，耐心学习意味着要放下手头的工作。大多数管理者的做法非常简单：想想自己知道些什么，然后，靠自己所知道的东西采取行动，在行动中得到结果。大多数企业的管理者走到这一步就算结束了。行动要么有效，要么无效。如果有效，就多多采用；如果无效，就另辟蹊径。

而在学习型组织的环境中，你还要进一步深入，在得到结果后，你要耐心探询:"我们为什么会得到那样的结果?我们如何利用这些结果拓展自己已经知道的东西?"而这最后一个环节,恰恰是大多数企业管理者觉得自己没有时间去做的。

3. 既有管理者的决心,又有管理的方式

并不是所有的管理者都把学习看作一种管理方式,仍然有许多管理者认为自己的工作是控制企业,而控制跟学习通常难以捏合在一起。

同时,在许多企业中,下属也乐于接受这种旧式管理者。新型管理者走到下属跟前说:"这方面我想做一番探索,可我需要你们给一些最好的想法。"而下属的回答往往是:"得由你来告诉我们啊!难道说你自己也不知道?"再次强调,如果下属总是企盼企业管理者告诉他们怎么做,企业的学习就很难坚持下去。

4. 经常性地问"为什么",建立学习型文化

"为什么我们没有获得自己想要的东西?"回答这个简单的问题大有裨益。管理者应该花费大量时间阐明目标,描述愿景。如果他们花同样多的时间,努力去了解自己为什么没拥有想要的东西,就会学到很多,就有可能提高完成目标、实现愿景的概率。想一想:如果愿景如此重要,而我们又如此聪明,为何只能阐明愿景,而不能将其实现呢?

5. 以耐心和努力营建学习能力

很多传统企业尚未面临紧迫的现实,它们还不需要应对很短的产品生命周期以及激烈的市场竞争,企业管理者们把学习称为人力资

执行赋能

源问题，或只是其所提供培训的一部分。他们的态度是："等有时间再做吧。"

换句话说，对这些企业管理者而言，学习是靠事件来推动的。只有当他们希望自己的员工学习新技能时，才会教授这些技能。相反的做法是采取积极的姿态："我们必须领先一步，我们必须将其融入流程，我们必须将学习能力植入企业的经营中。学习的本质不是做事，而是一种生存方式。"对大多数传统企业来说，这种区别还没有深入人心。

6. 建立现实的期望

如果做法正确有效，学习的确能带来短期的成功。但从总体来看，学习是一场马拉松，而不是一次短跑。管理者仍注重短期业绩指标，如果学习不能在给定的时间内产生经营成果，就试图放弃它，而那样做对企业的长期发展来说是一个巨大的损失。

企业管理者必须回答的问题是："既然有那么多人本性就热爱学习，为什么企业实行学习却如此困难？"显然，期望过高是一个重要原因。

第02章
抓落实：确保每项工作执行到人

永远像小公司一样行动

韦尔奇认为，尽管大公司也有自己的优势，比如资金雄厚等，但这并不意味着大公司不需要快速、简单和灵活。相反，如果它们可以做到这一点的话，往往就会更具竞争力，在高效执行中取得更大的发展。

在不断膨胀的组织内部有无数的制度和规则，它们直接或者间接地规范着人们的行动，从而使庞大的组织得以像机器一样运转。然而，尽管制度和规则对企业的制度化和规范化起到了不可忽视的重要作用，但是严密的制度也让团队成员被琐事包围。人们不能果断地做出决策，因为无法得到真实的信息；人们不能采用最有效的方法解决难题，因为必须遵照制度规定；人们不能快速地行动，因为还需要层层请示，得到批准。过度的制度化使得企业变得僵化臃肿，就像一个穿着水泥靴子跑步的人，不但速度缓慢，而且不够灵活。

而小公司则恰恰相反，人们很难在一个生命力旺盛的小公司中找出一个"复杂"的环节。它们不会乱作一团，总是简单而不拘形式。每个人都充满工作热情，都有充分的自主权。讨论问题时总是简单、直接、充满热情，没有大公司那种被术语所淹没的备忘录、虚张声势的反应，以及对下属意见的不屑一顾。所有的人都接触市场，都了解顾客的需求，同时也明了这种需求的发展趋势。大家有强烈的危机意识，有快速行动的欲望，因此总能灵活地面对现实。用一句话来概括就是：小公司是简单的，这种简单使它获得了生存和发展机会。

毋庸置疑，小公司凭借机动灵活的组织形式，快速对市场竞争做出反应，每个团队成员都能独当一面，在执行中表现出高度的灵活性和战斗力。从组织规模上看，大公司在抓落实方面往往逊色于小公司。

杰克·韦尔奇喜欢小公司的单纯简单，喜欢它简单的行事风格，甚至喜欢它的"不正规"。他认为，所有这些都是企业竞争优势的来源，都会为企业的发展提供有力的支持和保障。因此，通用电气必须具备这些素质。

为了使庞大的通用电气变得像小杂货店一样精干、灵活、行动敏捷，韦尔奇缩小了公司规模，消减了官僚组织结构，同时转变了管理人员观念，积极引导他们从实行监督、决策的管理者向提出建议、促进业务的管理者转变。管理思维的转变使员工得以解放，全体员工都能够以更大的热情积极投身到真正有意义的工作中去。所有的这些都很好地实践了韦尔奇所提出的"像大公司一样思考，像小公司一样行动"的管理理念。

执行赋能

韦尔奇说，通用电气的确很大——它每年的销售额都以十亿美元为单位计算，但它始终是一个企业。对于其他企业重要的问题对通用也同样重要，比如顾客是否满意、员工是否满意、现金流动是不是合理，这些问题对于小杂货店是相当重要的，对于通用也是如此。

"长久以来，我们没有意识到这一点，我们只关心那些毫无意义的数字和报表，而对这三个关键问题却视而不见，这使我们做了太多的无用功，浪费了太多的时间。现在，我和员工们每天只关心三件事：架上的货物是不是有人买；口袋里还有没有现金；顾客是不是带着笑容来，带着感激走。"关键问题往往都是简单的，企业只要找出它们并加以把握，就可以像小公司那样快速灵活地落实好组织发展计划。

韦尔奇认为，像通用这样的大公司，要在竞争越来越激烈的全球市场中生存，就必须改变大公司般的行动和思考模式，它应该学会轻巧、灵活，并开始以小公司的角度来思考。

"我们必须找到结合能量、资源的方法，改造成虽然是大公司，却拥有小公司的渴求、灵活和狂热。"韦尔奇说。

韦尔奇感觉到小而灵活的公司有巨大的竞争优势。

首先，小公司更便于沟通。没有官僚体制的啰啰唆唆，人们在听的同时也在说；更因为人少，他们通常也更能认识和了解彼此。

其次，小公司行动较快。它们清楚在市场上犹豫不决的代价。

再次，小公司里有较少的层级和制约，管理者的表现会清楚地显露出来。他们的表现和影响，大家都很清楚。

最后，小公司的浪费也比较少。它们花较少的时间在无穷无尽的审察、认可、打通关节及文件上。人员较少，因此只做重要的事。大家可以自由地把自己的精力和注意力放在市场上，而不是和官僚体制的对抗上。

韦尔奇的目标，就是要让通用尽可能地变成轻巧、敏捷的小公司。那么，他是如何做的呢？

1. 处理掉整个第二和第三个层级的管理阶段，也就是部门和小组

在20世纪80年代，各事业部的管理者要向副董事长报告，副董事长再向执行副董事长报告，这些人各自都有自己的班底。韦尔奇改变了这个现象，使得14名事业部管理者可以直接向董事长办公室里的3个人报告——韦尔奇和他的两位副董事长。

新的安排被证明是惊人的干净利落、简单有效，主意、创见和决策常常以声速传播。而在以前，它们常常被繁文缛节和道道审批所阻塞和扭曲……而现在，办公职员将它们自己看作是提供方便者、建议者、业务操作的合作者，双方的满意程度在提高，合作的感觉也增强了。地方主义让位于日益增长的同一感和共同目标感。

2. 设计"合力促进"计划，为大公司赋予小公司的灵魂

在修整官僚层级、改变高级主管的监督角色后，韦尔奇又迈出了另一大步，在1998年设计出"合力促进"计划，因而在通用的组织里，注入更多小公司的灵魂。虽然这位董事长当时并不知道，但"合力促进"

计划后来经证实是他最重要的创意之一，而且这也是这家公司数十年后仍在验证的事实。

过去说的"大鱼吃小鱼"早已经被"快鱼吃慢鱼"的理念所取代，这就要求大企业在拥有成熟运作模式的同时，具备像小企业一样的运作方式，能够灵活机动地适应市场竞争，"像大企业一样思考，像小企业一样行动"。

在全球经济激烈博弈的大环境下，规模大的公司不一定就能打败规模小的公司，但是速度快的公司一定能够打败速度慢的公司。这一点是确凿无疑的，因为信息社会是一个机会人人均等的社会，企业如果想要在这样的社会里获得最终的胜利，那么必须抢在其他竞争对手之前完成战略布局，并且立即付诸行动。事实上，在一个竞争激烈的市场中，抢先做出选择和行动的企业一般都能够获得比其他企业高得多的利润回报。

将全部精力聚焦于一件事

只有偏执狂才能成就大事。要有成就，必得在使命感的驱使下"从一而终"，把精力专注在"一件事"上。

德鲁克说：只有偏执狂才能成就大事。要有成就，必得在使命感的驱使下"从一而终"，把精力专注在"一件事"上。

德鲁克是大师中的大师，是企业管理者的至圣先知。但他心中有两个楷模：一个是寂寞了40多年的几何学家富勒，另一个是坐了25年冷板凳的麦克卢汉，他们最后都成功了。如果没有当初的从一而终，就没有后来的成功。德鲁克认为自己就是一个"偏执狂"。在他看来，他最好的一本书总是"下一本"。正是因为他对管理学的狂热与执着，才有了今天的成就，才被称为"现代管理之父"。

德鲁克认为，如果没有单一的使命、专注的精神，注定是一事无成的。曾经的英特尔总裁格鲁夫无疑就是这样的人。

1968年，摩尔和诺伊斯决定自行创业，创办英特尔公司。格鲁夫因为担任仙童公司实验室副总监时表现出色，所以被摩尔看重，大力举荐他进入英特尔担任研发部门的总监。1976年，格鲁夫成为英特尔公司首席执行官。1979年，格鲁夫发动了一场一年内从摩托罗拉手中抢到2 000家新客户的商战，结果以超额500家的战绩实现了这一目标，而且其中一家是IBM。

1982年，IBM准备进入个人电脑业，英特尔曾为它提供芯片，但直到1985年个人计算机的发货量仍然很小。英特尔还是把自己定位为一个存储器公司。经营企业总会存在竞争，这时日本的存储器厂家登台了。由于日本这家公司的存储器价位低且质量高，陷入削价战的英特尔公司很快就面临被挤出自己一手开发的市场的危险。公司连续6个季度出现亏损，英特尔管理层在是否放弃存储器业务上产生了分歧。结果越是迟疑不决，英特尔的经济损失就越大。

英特尔已经在漫无目的的徘徊中度过了一年。一天，格鲁夫与董事长摩尔在讨论公司如何走出困境时，格鲁夫问摩尔："如果我们下台了，新总裁上任后，你认为他的第一项决定是什么？"摩尔犹豫了一下，答道："放弃存储器业务。"格鲁夫望着摩尔，说："那我们为什么自己不放弃？不如走出这扇门，然后自己动手！"

当时，英特尔在所有人的心目中就等于存储器。如果放弃了存储器业务，英特尔还称得上是一家公司吗？格鲁夫说做就做，他顶住层层压力，坚决放弃了存储器业务，而把新的生产重点放在了微处理器方面。

放弃了存储器业务，英特尔也就不再是一家存储器公司。他们意识到微处理器是计算机一切工作的核心所在，于是就将公司改为"微型计算机公司"。到了1992年，英特尔因为微处理器的巨大成功而成为世界上最大的半导体企业，甚至超过了当年曾在存储器业务上打败过自己的日本公司。

1996年，在价值5亿美元的有缺陷的英特尔奔腾芯片必须被召回并更换的灾难性事件后，格鲁夫写了一本名为《只有偏执狂才能生存》的书。书中说："我常笃信'只有偏执狂才能生存'这句格言。只要涉及企业管理，我就相信偏执万岁。"不错，历数所有的成功者，他们绝大多数是偏执狂。

管理中的事务太多太杂，所以很容易失控。好多人就算专心致志地做一件事，也未必能做到最好，所以说，如果有效性有什么秘诀的话，那就是"专注"。

有效的管理者，一定会专一于当前的某一任务，而不会轻易承诺其他任务。因为"专注焦点"是一份执着，也是一份勇气，是敢于决定真正该做与真正要做的工作，以及运用时间及掌握情势的勇气。只有这样，"专注焦点"才能成为管理者的主宰。

有效的管理者，至少会在心中列一份优先表，哪件事最重要他就会专注地去完成，而不会转做其他的事。

"偏执狂"实际上就是一种执着的精神，永不放弃的精神。也许有人认为：前面格鲁夫的事例是他放弃了，那么你错了。格罗夫所称的

执行赋能

"偏执狂"也不是一种临床状态，那是一种警觉的状态，其意在说商业总要为意料之外的变化做好准备。在变化的时代、变化的市场、变化的企业之中，格鲁夫的放弃只是战略的转移，而不是企业的放弃，他的放弃正是为了不放弃。局部地放弃只是为了更好的发展，为了在企业界依旧拥有一席之地，并没有从根本上放弃企业的目标。

管理者的执着是一种永不言败的精神，而不是对某一方面的抱残守缺。所以，必要的时候，一定要有创新。现如今，每一个企业都有自己的创意，关键要懂得聚焦，果断放弃一些没必要的领域，这才是企业管理的智慧，才是对企业目标的执着。

坚决把各项工作落实到位

每个企业都希望能找到基业长青的灵丹妙药,而执行力在其中便起到了举足轻重的作用。

GE前总裁杰克·韦尔奇有一个著名的管理者4E公式:有很强的精力(Energy);能够激励(Energize)别人实现共同目标;有决断力(Edge),能够对是与非的问题做出坚决的回答和处理;能坚持不懈地实施(Execute)并实现他们的承诺,也就是执行。

韦尔奇在《赢》这本书中这样写道:

第四个"E"似乎是显而易见的事情,但是好些年以来,我们在GE只关注到了前三个"E"。我们以为,具备前三个"E"的人就已经不错了,由此选拔出了几百名员工,并把大多数人归为"很有潜力"的类型。然后,很多人走上了管理岗位。

在那个时期,我常到业务现场去参加人事评议,同行的还有GE负

执行赋能

责人力资源管理的老板比尔·康纳狄（Bill Conaty）。在评议会上，我们会查阅一张单页资料，上面有每一位经理人的照片、他的老板所做的业绩评定，此外还有三个圈，分别代表上面的一个"E"。这些圆圈会被涂上一定面积的颜色，以代表该员工在相应的指标上所展示出来的实力。例如，有的人在"活力"上面可能得到半个圈，在"激励"上面得到一个圈，在"决断力"上面得到1/4个圈。

然后，在为期一周的中西部地区视察结束后，乘着星期五晚上的月色，比尔和我飞回总部。他一页页翻看那些"很有潜力"的员工的资料，发现他们大都有三个被涂满的圆圈。于是，比尔转向我，"你知道，杰克，我们肯定遗漏了某些重要的指标。以现有的指标来看，这些人都非常出色，但他们中的一些人业绩却很不好。"

被我们遗漏的东西正是执行力。结论出来了，你可以拥有积极向上的活力，懂得激励周围的每一个人，能够做出坚决的判断，但你可能依旧不能跨越终点。执行力是一种专门的、独特的技能，它意味着一个人要知道怎样把决定付诸行动，并继续向前推进，最终完成目标，其中还要经历阻力、混乱或者意外的干扰。有执行力的人非常明白，"赢"才是结果。

从GE最基层的一个实验车间的化学工程师，韦尔奇一步步脱颖而出，20年后终于登上GE最高层的宝座。他打破了GE这个多元帝国的官僚主义，以强硬的作风、追求卓越的理念推动GE业务重组，构筑"数一数二和三环"战略（核心、技术、服务），实现通用电气公司"六西格玛管理、全球化、E化、听证会"的四大创举。

当年，韦尔奇制定要让通用电气成为"世界上最有竞争力的公司"的战略目标时，就明确地向GE的员工传达了给予员工一套用于决策的指导方针：

直截了当：明确、坦诚地传达需要完成的任务。

不出人意料：始终如一；不要隐瞒重要问题。

用事实说话：应该提供做出战略选择的依据，包括数据。

信守诺言：要言行一致，否则将失去信任。

从韦尔奇向员工传达的指导方针中我们可以断言，优秀的"执行力"对于成就GE可谓居功至伟。

正是这种对执行的执着成为他出任CEO后一切改革的源动力。他历经旧体制的层层曲折，深知哪里是最阴暗的深处，哪里有无所事事的敷衍，哪里是最殷切的盼望，所以，大刀斧所到之处，必斩而后快，且绝不手软。为此，他曾有"中子弹杰克""美国最强硬的老板"之称。

许多面临困境的企业都会先找一个听起来很有名的"能人"，然后拷贝一套已在其他公司或在理论上行之有效的经营理念和战略，并希冀由此带领公司走出困境。然而，期望的结果往往难以实现。因为在此过程中，经常会因管理者的执行力不足而导致重组失败。

可以说，如果没有足够的执行力，最好的战略、员工或者管理工具都难以发挥应有的作用。对于陷入发展困境的公司来说，真正需要的是上下达成执行力。而要做到这一点，管理者就必须亲自参与到企业中，

执行赋能

并落实决策于企业的具体行动中。

一个公司的效率不在它的大楼，也不在它的人员，更不在它的会议规模和频度，而在它的贯彻力度，也就是韦尔奇所说的执行力。

执行力的重点在于执行，也就是行动起来。无论你年纪多大，命运怎样，生活怎样，立即行动起来，做自己喜欢做的事，实现目标，永远都为时不晚。

把每个员工都纳入全局之中

团队和集体对一个人的影响十分巨大。善于合作、有全局意识的人，能通过融入团队获得无穷的收益。个体如果想在工作中快速成长，必须把自己的工作纳入全局、依靠集体的力量实现自我价值、提升个人能力。

在企业里，任何员工的工作都不是孤立的，而是企业整体目标的一部分。同时，员工的工作是具体细致的，他只被要求做好某一范围内的工作，如果他只是努力完成自己手头的工作，而不知道自己的工作对于整体目标有什么意义，也不知道整体的目标和自己的工作之间有怎样的联系，必然对整体目标无动于衷，甚至轻视自己的工作，认为自己的工作无足轻重。

哪些因素与员工的工作效率有关呢？美国一家咨询公司曾经对此进行过专题研究。研究发现，员工在工作过程中最关心的问题共有12个，

执行赋能

其中"我知道对我的工作要求吗？""公司的使命目标使我觉得我的工作重要吗？"这两个问题受员工关注的程度最高。

由此可见，每个员工都想知道自己的工作对于整体目标的完成有什么影响。员工只有认识到自己工作的重要性，才能够充分挖掘出自身的潜能。当员工充分理解并支持企业的整体目标后，才能够树立全局的观念，为完成整体目标而努力，而不只是单纯地应付工作。在此基础上，当个人工作和整体目标出现矛盾和分歧时，他们才能做出必要的牺牲以适应整体需要。

在戴尔电脑公司，管理者将全局观念灌输到了每一位员工的思维之中。他们鼓励自己的员工不断提出问题，并认真聆听意见。这使得他们的团队成了一个不断学习的团队。团队成员之间彼此信任，团结协作。戴尔还通过在全公司各部门间询问同样的问题，比较其结果的异同的方法来进行学习，这让每一位员工都能分享企业内部的集体智慧。

如果某一小组在中型市场创下佳绩，他们的经验会被传播给全世界的分公司的员工，而如果另一个小组掌握了在大型超市内进行销售的方法，他们的想法也会与整个企业内部的所有员工进行分享。这种全局协作的观念使戴尔的任何一名员工都认为自己是整体的一员，并最终使戴尔公司成为一个全球性的大公司。

在工作遇到问题时，戴尔的员工也知道自己并不是在单打独斗。他自己是问题的一部分，也是为问题提供解决方案的一分子。他可以告诉大家："我知道有一个问题，但是对于到底是怎么回事我也不确定。"

他可以要求协助，尤其是在这个问题牵涉部门或人员较多时。而且他确信自己会得到帮助，因为在全局观念的领导下，任何一个其他部门的员工都会向他伸出援助之手，他们会互相信任而不是互相指责。正是在这种观念的领导下，戴尔才取得了如此卓越的成绩。

让每个员工明确自己的工作对于整体目标的实现十分重要。员工都应该理解并支持企业的整体目标，当个体拥有全局观念并为企业整体利益而努力时，企业就拥有了强大的凝聚力，从而能够持续发展。一旦全体员工确立了全局观念，员工之间便会更容易建立信任和谅解的关系。

不难想象，当大家为同一个目标努力奋斗的时候，就能够焕发出集体观念和强大的工作热情，形成归属感和彼此的认同感，每位员工都会愿意为整体利益付出自己最大的努力。而且员工之间也能够互相帮助，团结协作。在这样一个充满信任和彼此认同的环境中工作，团队员工之间就会建立起最亲密的关系，即使工作中有了矛盾和分歧，大家也会为了整体利益尽力协调好。

采取具体途径领导变革

时代在飞速发展，企业经营节奏也在不断加快，以至于以往有效的管理理念在今天的管理实践中失灵了。为此，管理者需要采取具体途经进行变革，并让每个员工都参与其中，在执行中完成组织到个人的成长和蜕变。

在未来的日子里，管理者必须具有灵活性，能够大胆、积极地对各种不同情况做出反应。例如，你必须对市场变化、经济环境变化、劳动力变化、财务变化等保持警觉和做出反应。如果管理者保持公司原有的经营手册来应对现实，那么这个公司注定会被淘汰。

灵活性与其说是一种技术，还不如说是一种思想状态。因此，管理者要建立一种灵活的态度。

第一，不要一味地维持现状。不断地对做事的方式进行研究，寻找能把事情做得更好的方式。

第二，永远不要用公司的规定作为借口，来解释为什么没有做某件对公司有利的事情。此时，最需要做的事情就要改变公司的规章制度。

第三，当新的想法被提出时，最先要考虑的是它们可能产生的最终结果，而不是将会遇到的困难。如果最终结果是我们所希望的，那么我们就要努力克服这些困难。

第四，就如何能更有效地履行各自的工作职责，向部门中的每位员工征求意见，询问他们有哪些障碍影响了他们的工作进度。宜每90天询问一次。

第五，总是喜欢做试验。在试验某些新生事物之前，没有必要先有确定的结果。

第六，不要忽视小革新的价值。一种存放复印纸张的好办法，也许可以清理出宝贵的办公空间。

早年，管理者中间盛行一句座右铭："如果没坏，就不要去修它。"可是，企业现在遇到的挑战已经完全不同了。

世界经济全球化给我们既带来了更大的风险，也带来了更多的机遇，并迫使管理者不仅要为提高竞争能力和获得成功实施改革，而且为了企业的生存，也必须实行重大调整。知识经济的广泛和强有力的影响以及激烈的市场竞争，也在一定程度上逼迫企业进行调整与变革，以实现"以变求生"的目的。

在激进变革的过程中，管理者如何进行自我调整和适应，以便更成功更有效地领导这场变革呢？其具体途径有以下七种。

第一，制造危机。允许出现财政亏损；通过同竞争对手进行对比，让组织成员了解企业存在的严重问题；允许错误暴露，而不是在错误出现的最后一分钟加以纠正。

第二，把反映收益、生产率、客户满意率和开发新产品周期情况的指标定得高一些，迫使整个企业改变经营方式，否则就达不到这些指标。

第三，让更多的员工多了解一些有关客户满意率和企业财务状况的资料，特别是能体现出竞争中弱势的资料。

第四，坚持让员工定期同不满意的客户、供应商和股东交换意见。

第五，利用聘请顾问和其他手段迫使管理人员听取更多的相关资料，更开诚布公地讨论问题。

第六，无论在企业的报纸上，还是在高级管理层的讲话中，都应该对企业的问题展开更坦率的讨论。身为企业的管理者，应该停止发表不负责的"乐观言论"。

第七，持续地、大量地向企业上下提供下列资讯：未来存在的机遇，抓住这些机遇将会带来的可观的收益，以及企业目前在哪些方面尚不具备抓住这些机遇的能力。

许多管理者并不经常采取如此大胆的行动，因为在管得过宽和引导不足的企业文化中，他们逐步认识到采取这样的行动是不明智的。对这些人来说，采取行动增加紧迫感太过冒险。

如果企业只有处事谨慎的管理者，那么将不会有人帮助员工形成足够的紧迫感，重大的改革便不会获得成功。真正的管理者采取行动是因为他们深信，可以正确引导那些释放出来的力量去达到重要的目的。这样的执行才会为企业带来真正的价值。

第03章
按流程办事让公司运营更高效

没有规矩不成方圆

没有规矩不成方圆，一个人有自己的行为准则才能正确做事，一个国家有法令制度才能使整个社会有序运行。

管理实际上是处理众人之事，就像两个人分一块蛋糕，如果一个人切，一个人在旁边看，看的人势必担心切的人不公正，从而引起猜忌。这时，最好的方法就是，在切蛋糕之前，制定一个规则：一个人负责切蛋糕，一个人负责分蛋糕。如此一来，谁都不会有什么怨言，而且切蛋糕的人会努力均分。

在执行过程中，管理者必须建立完备的规章制度和工作流程，才能让大家各司其职，各安其位，兢兢业业地完成自己的使命。通常组织运行规则包括：责权相等的用人规则、薪资基于贡献的分配规则、公平公开的晋升规则、适度轮岗的人员调整规则、自由发挥个人潜能的创新规则等。

现如今，肯德基快餐店遍布全球60多个国家和地区，但是它却保持了风格一致的经营理念和良好的服务，其中的奥妙何在？特别是肯德基总部的领导者，如何确信万里之外的工作人员出色实践企业文化呢？

有一次，北京肯德基有限公司收到了四份总公司传过来的鉴定书，对北京某地的快餐厅给出了四次工作质量鉴定评分，分别为86分、83分、87分、89分。北京肯德基公司的经理人疑惑不解，这些评定分数是怎么来的呢？

事实上，肯德基总公司专门雇用了一批人，让他们假扮成顾客到店内就餐，然后暗地中进行检查。这些身份特殊的顾客给快餐店的经理和普通员工带来了无形的压力，所以，大家平时不敢有丝毫的懈怠，从服务质量到环境保证都做得非常到位，充分向顾客展示了肯德基的企业文化与经营理念。

肯德基的监督评价体系是一种特殊的公司制度，并且有着鲜明的目的性，用来保证组织文化得到贯彻实施。在这种管理制度约束下，肯德基的员工都能做好本职工作，保证了产品、服务的一致性，赢得了良好的口碑。

规则的建立对管理是异常重要的，有了规则，管理才更有说服力，才更有效果。从根本上说，组织运行规则是一种管理工具，它的目标是有效提升管理水平、提高部门工作效率。正如德鲁克所言："管理是一种工作，所以它有自己的技巧、自己的工具、自己的方法。"

许多公司在发展壮大以后都会遭遇瓶颈，甚至最终走向衰败。其中

执行赋能

一个重要原因是，这些企业的领导者自恃经验丰富、能力过人，他们的控制欲极强，喜欢包打天下，没有借助严格的法令和严密的制度实现企业的良治，所以为后来的轰然倒塌埋下了祸根。

这提醒管理者，身居高位的时候一定要懂得控制之道，也就是凡事都要以全局为重，以细枝末节为轻。只有依靠一定的规矩法令保证全局良好地运行，才有可能掌控事态的发展方向，最终使企业立于不败之地。

标准为公司创造无穷的收益

现代市场经济是法制经济，讲求制度、标准的设计。公司在发展的过程中，不但要遵循外在的标准，还要善于制定新的行业标准，提升执行力的水准，创造更大的经济效益。

可以毫不夸张地说，标准能够为公司创造大效益。让我们看看美国高通公司是怎么做的吧。高通公司在CDMA移动通信领域拥有国际标准，并使用了1 400多项专利，因此它的产品销售和专利收益都非常客观，使公司在CDMA领域的市场份额不断增加，其前途不可限量。

我国加入WTO以后，标准已作为提升国家和地区核心竞争力的战略性举措之一。而在公司层面，标准是提高公司自主创新能力、提高公司核心竞争力的重要保障。

近几十年来，各种产业标准、行业标准、公司标准不断出台，大至行业标准如空调、冰箱节能标准的实施和数字电视标准的出台，小至服

执行赋能

务标准如空调安装标准等，都成为公司领导者时刻关注的焦点。新的时代赋予了标准新的内涵，也为公司的执行赋能提供了发展的良机。

目前，许多公司的经理人已经意识到标准的重要性，并努力成为行业规则和标准的制定者。这种变化既来自经理人的主观努力，也与他们承受的市场竞争压力有关。作为经济活动中最大的产业群体，公司的管理者为了公司的生存和发展勤奋工作，希望为自己的公司找到持续发展的有效途径，但残酷的竞争让他们看到，忽视标准管理和标准制定会在市场上栽跟头。而成功进行标准经营的公司则尝到了甜头，他们发现标准可以为公司创造效益，并提升了公司产品和服务的竞争力，对公司发展具有深远的意义。

当今，标准问题已经从商品流通领域扩展到生产加工领域，不仅包括货物商品，还延伸到金融、信息等服务产业，成为各国保护产业和促进对外贸易发展的重要手段，即所谓"三流企业卖力气，二流企业卖产品，一流企业卖技术，超一流企业卖标准"。

中国的企业要建立全球化的品牌，首先必须让商品具有全球化的视野，并且能够建立全球性的规模；一定要清楚自身品牌在哪些方面具有标准化的条件，不合格的要提出整改方案，及时进行调整，产品与服务都必须在配合消费者的需求下予以标准化。

因此，在公司经营管理过程中，管理者要致力于公司标准化的组织、实施与监督工作，提高员工的标准化意识，引导公司实施技术标准战略。更重要的是，在这一基础上，公司才能够把标准作为提高公司自主创新能力和增强公司发展活力的有效途径，为组织创造大效益。

作为组织的决策者，管理者要重视标准，更要关注行业、国家标准乃至国际标准，在公司内实施标准化管理和生产，满足消费者对更安全和质量更高产品的巨大需求。这样一来，必然能够提升公司的团队执行力与核心竞争力。

> 执行赋能

建立严格的岗位责任制度

在企业发展过程中,创新与规则、变革与秩序,从来都是一枚硬币的两面。也就是说,现代商业组织不但要适应外部环境变化,追求创新与变革,还要正视企业管理中规则与秩序的重要价值。

具体来说,就是要建立严格的岗位责任制度,避免下属越位,实现人尽其责,从而提高团队的执行力。

在企业管理过程中,为了避免"不在其位而谋其政",领导者需要建立权责明确的职位描述与岗位管理制度,从而帮助员工把握自己的组织角色,使领导者合理配置和使用人才,实现人尽其责。

作为一家高危险行业公司,杜邦已经有200多年的发展历史。那么它是如何实现安全生产、提升组织运作效率的呢?

在长期的生产实践中,杜邦积累了丰富的安全操作经验。到了19世纪初,它逐渐意识到,只有建立严格的岗位责任制度和科学的操作流程，企业才能够生存和发展。于是，公司决策者开始致力于安全生产体系的建立，并形成了"一切事故均可避免"的经营理念。

在杜邦的记者招待会上，主持人经常会提醒大家安全通道的入口位置；每当有人参观生产车间，杜邦都会派专人陪同……多年以来，组织成员严格遵守岗位制度，几乎没有发生过越位行为，从而创造了杜邦工业安全生产的典范。

孟德斯鸠在《论法的精神》中指出："一切有权力的人都容易滥用权力，这是万古不变的一条经验。有权力的人使用权力一直到遇有界限的地方才休止。"因此，在组织内部建立秩序是非常必要的。科学合理的岗位责任制度就像足球场上关于越位的明文规定，保证了企业内部权力的制衡和有效运行。

事实上，一个人的权力越大，就越需要对其监督和制约。在企业中，领导者需要通过职位描述对中层管理人员的权限作出明文规定，从而使大家各安其位，有效避免内部争斗，促进公司的健康发展。

岗位责任制是指根据办公室各个工作岗位的工作性质和业务特点，明确规定其职责、权限，并按照规定的工作标准进行考核及奖惩而建立起来的制度。

在管理过程中，明确的岗位责任制度能够确保员工各司其职，有了行动的边界，大家做事才会各安其位，在职责范围内释放个人的潜能，提升组织的整体战斗力。

执行赋能

长计划，短安排，实现持续发展

很多时候，判断一个公司是否成功不能以某一时的业绩为标尺，要看它未来的发展前景；当然也不能只考虑未来的美好前景而忽视日常的绩效。总之，既注重长计划，也考虑短安排，就能够确保公司在发展过程中保持合理的节奏，避免偏离航向。

公司的经济活动具有连续性，它的现状是历史的继续，未来的开始。因此，制订公司的发展目标时，要注意保持战略头脑，力争站得高一些，看得远一点，不计一时的得失，根据公司的长期发展目标，按照现实的市场要求一步一步踏实地走下去。

一般来说，对公司的发展计划安排要远虑与近谋合理综合，既要有短安排，又要有长计划。计划有长短之分，就公司的各种计划而言，既有期限为五年或十年的长远规划，也有期限为一年、一季度或一个月的生产计划，更有以日、时、分为计划单位的生产安排。长计划是短安排的基础和前提，短安排必须有利于长计划的实现和完成。如果短期内的生产安排不合理，设备和人员不能满负荷地运转和工作，久而久之，长计划就会落空；反之，如果近期内的生产安排得太紧，员工得不到正常的休息和学习，生产效率就得不到提高，其结果就会给以后的生产带来许多困难，严重影响计划后期生产任务的完成。所以，短安排必须科学合理，必须符合客观实际，不能太紧或太松，也不能平均使用力量，既要确保完成近期内的生产任务，又要为今后的生产创造一个有利条件。

同时，短安排影响长计划，长计划也影响短安排。短期内的生产安排能否顺利实现，最终还取决于长计划制订得是否合理，是否符合实际。如果长计划的各项指标制订得太高，公司难以承受，短安排就必然遇到困难，甚至使短期内的生产任务无法完成，最终还会导致长计划的流产；相反，长计划的各项指标制订得太低就无法充分调整短安排，也会由此失去科学性和严密性。

短安排适应长计划，应是积极主动的，而不应是消极被动的。在安排短期生产任务时，要及时纠正长计划中不正确的内容，以提高长计划的准确性，使计划真正起到指导生产经营活动的作用。如果不考虑实际情况，不考虑各种变化，完全受长计划的约束和限制，短安排就会失去活动，失去计划期内的各种机遇。不通过短安排及时调整长计划，还可能使年度计划内的季度、月度计划衔接不上，相互脱节，影响公司的生产和经营。

因此，为处理好计划上的"长"与"短"的问题，应注意以下两个方面。

1. 在时间上要处理好"远"与"近"的问题

既要明确远期完成什么任务,实现哪些目标,又要明确近期应完成哪些任务,实现哪些目标。

2. 在计划指标上还要处理好"虚"与"实"的问题

相对来说,长计划的各项指标较"虚",短安排的各项指标较"实",只有通过完成短安排的"实",才能使长计划中的各项指标实现由"虚"向"实"的转变,使长计划得以顺利实现。

公司应力求长计划要"虚"中有"实",即制订长远规划时不仅要考虑公司的发展壮大,还要充分估计公司的现状和可能遇到的困难。短安排也要"实"中有"虚",即安排短期内的生产任务时,要充分了解公司的生产能力和各种约束条件,按生产能力的大小确定某一时期的产量。

一个国家或地区出现了良好的经济发展局面,并不代表它的经济状况是良好的、健康的;在这里,还有一个重要的依据,那就是良好的经济形势能否持续。同样的道理,公司的发展既要保证正常运营,也要有长远的发展规划,才有可能做久。经营过程中既有长计划,又有短安排,学会两条腿走路,这是管理者必须掌握的一门基本功。

务必抓好现场质量管理

现场质量管理是以生产现场为对象,以对生产现场影响产品质量的有关因素和质量行为的控制和管理为核心,通过建立有效的管理点,制定严格的现场监督、检验和评价制度以及现场信息反馈制度,进而形成强化的现场质量保证体系。

研究发现,现场质量管理可以使整个生产过程中的工序质量处在严格的控制状态下,从而确保生产现场能够稳定地生产出合格品和优质品。

由于生产现场是影响产品质量5M(人、机器、材料、方法、环境)要素的集中点,因此搞好现场质量管理可以确保生产现场生产出稳定和高质量的产品,使公司增加产量,降低消耗,提高经济效益。

国内外许多公司应用现场质量管理这一方法,取得了提高和稳定产品质量的效果。具体来说,进行现场质量管理要注意以下五个方面。

执行赋能

第一，建立质量指标控制体系，充实现场质量责任制内容，从产品技术经济指标到岗位责任制，从统计方法、考核的内容到奖惩制度都必须体现"质量第一"的思想。

第二，加强生产原料及工序的管理，即对上道工序的来料进行检验、交接、处理过程中，严格把关并对生产工序中的产品进行控制，使之既保证来料质量，消除混料和不合格品投料在生产现场的发生，又可避免因产品过多而积压大量的资金，影响公司资金周转的情况出现。

第三，根据生产现场的实际需要设置管理点，依靠操作人员对生产工序关键部位或关键质量特征值影响因素进行重点控制，保证生产工序处于稳定的控制状态。

第四，做好生产现场的质量检测工作，设置生产工序自检员，制定自检和互检制度，使自检查与专职检验密切结合起来，把好"第一道工序"的质量关。

第五，加强现场信息管理，随时掌握生产原料、工序在制品和产品质量以及工作质量的现状，进行质量状况的综合统计分析，找出影响质量的原因，分清责任，提出改进措施，防患于未然。通过以上现场质量管理工作，增强现场质量意识，强化现场质量保证能力，形成完善的现场质量保证体制。

生产现场质量管理是形成质量产品的第一道关，跳过了它，就会出现劣质产品。把现场质量管理作为第一位，是生产现场质量保证体系的核心，也是提高员工执行标准的重要保障。

研究表明,那些具备核心竞争力的大公司之所以能成为行业的标杆,除了掌握前沿的科技之外,还在质量管理等方面形成了严苛的管理制度,这有效保证了团队执行不走样,让公司实现了持续快速稳健的发展。

执行赋能

全力建立高效的管控模式

任何公司发展壮大以后，都需要形成一套科学严密且高效的管控模式。否则，管理者如果对庞大的团队失去了掌控力，势必容易出现各种纰漏，甚至乱作一团。

作为国内知名企业，商业地产的标杆，万达的执行力是有目共睹的，不仅仅得到了业内专业人士的认同，甚至连普通百姓也竖起了大拇指。近年来，万达就像雨后春笋一般，迅速出现于全国各地的一二线城市。这样一个具有传奇色彩的万达，它的管控模式究竟是怎样建立的呢？

首先要谈谈它与沃尔玛的因缘际会。今天的万达与沃尔玛可以说是一对形影不离的孪生兄弟：哪里有万达，哪里就能见到沃尔玛的身影。早在2001年，万达的第一个商业地产项目长春万达广场建成之际，双方就开始结缘。然而，当时的沃尔玛并不十分看好万达，因而合作之初提出了近乎苛刻的合作要求。就是在这种极度不信任的基础上,这对命中注定的兄弟开始携手并进。

不过,万达与沃尔玛的缘分还不仅限于此。在王健林和万达看来,沃尔玛绝不只是一个商业上的合作伙伴。对此,万达集团副总裁尹海在谈及万达的管控模式时,曾直言不讳地说:"董事长对于总部控制的理解,最早来自沃尔玛等连锁企业。他们是万达最早的商业启蒙老师。"

可以这样说,万达高效的管控模式雏形,就是来自沃尔玛。王健林着眼于沃尔玛的先进管理经验,并睿智地看到了这个企业的管控模式的高效与科学,认为它同样适合于万达。随后,王健林开始效仿沃尔玛的管控模式。正是这种敢当学生的心态,高效的行动力及敏锐的洞察力,造就了万达的高效执行力。

概括起来,万达在建立自身管控模式时,充分吸收了沃尔玛管控模式的三大特色。

1. 中央集权的管理体制

王健林董事长经过分析发现:沃尔玛的总店与分店的职权划分非常明确,其扩展速度非常快,全国很多城市都能见到它的身影。对此,沃尔玛集团专门研制了中央集权的管理体制。事实证明,这种管理体制非常成功。

2. "倒金字塔"式的管理体制

与此同时,万达的管控模式还充分吸收了沃尔玛的"倒金字塔"式管理体制。沃尔玛采用了自上而下"倒金字塔"式管理体制,上端为总公司,拥有着除执行外的一切权利,是整个管理模式的中枢部位。下端为地方,是一切计划的直接执行者。这种模式的最下端虽然权限弱了许多,却起着至关重要的作用。沃尔玛的一切计划若想变成现实,完全依托着这所谓的最下端。这种管理模式,充分体现了"各尽其能"的作用,明确规划了不同阶层的不同任务及对应的管理工作,以便更好地"各尽其能"。

3. 高效的信息管理体制

沃尔玛的管理很大程度上依赖于信息化,从而提升了效率,也增强了效益。在万达,这种信息管理体制成为一种需要,不可或缺。尤其是在网络信息技术蓬勃发展的背景下,王健林带领万达跟上了时代发展的步伐。

结合以上三点,万达确定了具有自身特色的管控模式,并提出了两个原则,一是管控模式一定要基于全产业链视角构建,二是管控模式一定要基于订单式原则构建。在此基础上,万达确立了管控模式的选择思路和执行点。

首先在战略上,万达将自身定位于中国最大的不动产发展商。有了这个大方向,万达的管控模式就有了明确的目标。无论是人员管理,还是工程项目上的管理,万达管控模式的出发点都围绕着战略目标行动。显然,有了明确的目标,距离成功就很近了。目标是最好的指明灯,在它的指引下，我们可以更好地、更直接地到达目的地，少走很多弯路。由此看来，万达的成功自有其道理。

在业务范围上，万达选择了"订单式地产模式"，这种模式来源于早期的实践总结——万达用自身的实际经历，总结出了最适合自身发展的业务范围。王健林与万达人经过认真分析、反复实践，最终选择了"订单式地产模式"，他们深信这种业务范围能带领万达发展得更好。明智的万达人，在做事之前就已经为自己量身策划了经营模式，就像一位明智的征讨霸主，非常清楚该在哪里发挥自己的能力，扩展自己的疆土，并预备为此奋斗终生。

在核心职能上，万达明确了十大核心职能：战略管理、投融资管理、财务管理、HR管理、招商管理、工程设计、规划设计、销售管理、运营管理、信息管理。在管理上，本着"中央集权，分级管理"的模式，同时在组织框架上，全方位借鉴沃尔玛的"倒金字塔"组织结构模型。就这样，在两大基本原则的指导下，在总的战略思路的指导下，万达形成了具有自身特色的集团管控模式。既学习沃尔玛的管控模式，又结合自身实践，万达的商业智慧之高超，由此可见一斑。

数年来，万达创造了一个又一个奇迹，一个又一个"不可能"，它像一个神奇的独行侠，"呼"地一下就出现在了国人的视野里了，一瞬间几乎所有人问出了一个问题："万达是怎么做到同时兼顾数十个项目开发与运营的？"这种高效率是国人乃至世界都无法想象的。对此，万达人予以了答案：没有完成不了的目标，只要事前做好一切管控，便能高瞻远瞩，接下来便能垂手而治。

由此可见，建立起高效的企业管理模式对企业未来的发展和细节上的防微杜渐是多么重要。一些企业家总是抱怨管理工作太累、太辛苦，其实他们在抱怨的同时，如果能回头审视一下自己的管理模式，也许就能及时摆脱这种又累又辛苦的经营误区了。

值得注意的是，企业管理者想要建立一套高效的管理模式，必须注重细节管理的设计。西方有句谚语："断了一个马蹄钉，绊倒了一匹马，摔伤了一个将军，输掉了一场战争，最后亡了一个国家。"如果把握不好细节，无法在精细化管理上有所建树，就无法在企业管理这个命题上有所突破。因为，无论任何时候，细节都是魔鬼，是构建现实格局的最大推手。

总之，建立高效的管控模式，是企业谋求发展的关键，对企业未来的成长会起到事半功倍的效果。缺少这个环节，企业会像无人修剪的树苗，无论脚下的土壤多么肥沃，身边的溪水多么清澈，头上的阳光多么明媚，终究长不成参天大树。

变经验管理为科学管理

有些中小公司想走捷径，认为从成功公司中挖来一个成功人士，甚至一个团队，公司就立刻能创造奇迹，产品销量就能疯狂增长。因此常常会有中小公司用难以想象的天价引来空降兵、空降部队，但结果却不尽如人意，不少曾经成功的人大多也就此折戟沉沙了。

还有一些成功的领导者，往往在公司一步步发展的过程中形成了自己的经验和思路，但是全凭经验办事是不行的。经验虽然能够使你获得成功，但只凭着经验走路有时会让你缩起手脚、放不开步伐，最终只能在经验的圈子里徘徊。要知道，市场总是在不断地变化，经验可能会使你目光短浅。

市场是不断变化的，公司如果不懂得尊重市场变化规律，掌握消费动向，不能用新的眼光、新的方法去处理所面临的新问题，则难免会令自己陷入被动挨打的境地。因此，这一阶段公司应该大力提高整个公司的人员素质，强调在市场竞争中创新，依靠科学的市场营销带领公司获得持续发展。

此外，行之有效的科学规章制度使员工有章可循，能确保员工按部就班地做好分内之事。对此，韩非子指出："君无术则弊于上，臣无法则乱于下。此不可一无，皆帝王之具也。"一个组织只有具备了科学的制度、法规，领导者才能依法督促部属，防止大家各行其是，最终顺利实现组织的发展目标。

尤其是在企业创立的初期，管理制度不完善往往会造成工作流程不顺畅，内部考核不到位、员工价值观不统一，严重制约企业的发展壮大。这时，建立明确有效的企业管理制度，"定分止争"，使大家各安其位，就显得更有必要了。

管理是一门艺术，更是一门科学。在经营公司的过程中，经验固然重要，但是一味地囿于经验而不注意发现规律性的东西，不注意在实践中创新，就难以取得下一次的胜利。特别是当公司发展壮大以后，单纯的经验管理更难以应对复杂多变的局面，使经理人难以掌控不同的组织部门，这时科学管理就显得异常重要了。

第04章
科学合理的授权能释放员工的工作潜能

领导者必须懂授权与放权

"领导"是什么，它应该是引领、导引的意思，要求领导者为下属搭建舞台，然后提供帮助，进行监督，直到出色地完成既定的目标。因此，在管理上，领导要把握大局，只做自己该做的事情，上好"授权"这堂课。

太平洋建设集团有限公司创始人严介和说过这样一句话："厨房里的油瓶倒了，我肯定不会去扶，而是会扬长而去。事后追究责任，查找是谁负责这个厨房，谁放置了这个油瓶，这样可以提高厨房的管理质量。"

从管理的角度来看，这其实是"授权"——给下属分配任务，让他们做事，并负责。不过，许多领导者并没做好这一点，公司里的事，事无巨细，他们都会过问，结果因为拘泥于杂事，而浪费了自己的脑力，无法创造性地开展工作。

许多时候，领导者奔忙于琐碎事务，也有他们的"道理"，这些理由包括以下三个方面。

其一，战略制定、组织建设是虚的，而实际经营则是实的。在许多领导者心里，做好实际的经营才是当领导该做的事，自己心里才踏实。

其二，公司步履艰难，没有精力顾及长远问题。一些管理专家提醒企业领导者要考虑10年、20年以后的事情，但是对许多领导者来说，考虑好三四年后的事情就已经不错了。

其三，没有优秀的中层、没有有效的制度、没有远景目标、没有战略方向，导致总经理只能自己做中层、自己管理中层以下的员工、自己做摸着石头过河的事情了。

美国通用电气公司前CEO杰克·韦尔奇的一个管理原则就是，"管理得少"就是"管理得好"。培训干部、完善制度、纠正偏差、塑造文化、处理例外事件等，无一不影响到企业的健康发展和持续成长，这些创造性的工作才是领导者的舞台。而对员工分内的事情，领导者就不必费心，让大家去发挥吧。

任何一家公司想要成功，关键之一在于领导者能否放权与分权。道理很简单，公司越是发展，业务就越复杂，总经理越要看到自己在整体组织运行中的支持作用，而不是替代作用。

进行分权和放权，并不意味着权责被剥夺。相反，领导者的职能总的来说是加强了。因为放权和分权能够使领导者从日常烦琐的事务中抽身出来，集中时间做真正该做的事，管真正该管的事，比如公司战略的制定、公司高级人员的培养和安排、组织运行的考评以及公司文化的培育等。这些方面的事情更会影响公司的发展方向。

执行赋能

《公司改组》一书的作者戈登·唐纳森说:"权力下放不等于放弃权力,管理不是放任自流,听之任之。当好总经理是一门学问,也是一门艺术。"

分权和放权不仅能让领导者举重若轻,而且能调动员工的积极性,有效影响员工自觉去做好本来就该做好的事情,甚至可能做好不会做的事情,让他们把自己的精力直接集中到工作上来,而不是像集权制下那样把所有的事情都推到主管甚至领导那里。

只有这样,员工的工作才不是由主管来决定,而是由自身工作的目标所决定。这样不仅能够发挥员工的积极性,而且还能培养他们处理问题的能力,从而让团队的力量壮大,把公司的事业做大。

东方希望集团董事长刘永行说过:"公司做大了,必须转变凡事亲力亲为的观念。一定要让职业经理人来做,强调分工合作。我原来一人管十几个公司,整天忙得不得了。后来明白了,原来是自己权力太集中,所以痛下决心,大胆放权。放权之后,我现在每天有七八个小时的时间学习。"

李嘉诚掌管着庞大的财富帝国,如果他事事亲力亲为,那是不可想象的。事实上,在李嘉诚的手下,聚集着一大批有才华的管理人员以及各个领域的专家。他们管理、领导着各自工作范围内的团队成员,保证了公司的正常运转。李嘉诚这种授权、放权的艺术,是他成功的关键,是公司实现大发展的前提。因此,公司想要做大,领导者必须掌握授权、放权的艺术。

为下属提供释放个人才华的舞台

当年，诺基亚CEO奥利拉被问及如何让企业连续十年高速增长时，他非常自信地提出了自己取得成功的三个原则，其中之一就是给员工最大的发展空间。

但在实际工作中，员工想要施展自己的才华、创造出色的工作业绩，并非一件容易的事情。因为人们常常受到组织环境、内部制度、外在压力等因素的掣肘，失去了施展的空间。

所以，领导者想要充分发挥人才的价值、创造团队业绩，必须注意为下属提供自由施展的空间。

在一个团队中，我们不能忽视每一个普通成员的价值，但是更要关注那些发挥着巨大作用的关键人物。现代市场竞争的关键是人才竞争，而这里的人才不仅是出色的员工，更是那些在技术、营销、公关、销售等方面能独当一面的翘楚。

执行赋能

领导者想要发挥人才的价值，必须为对方提供必要的施展空间，让他能够独立负责完成工作任务。特别是在今天商业和人力资源环境剧烈变革的年代，为下属提供一个自我展示的舞台就显得尤为重要。

杰克·韦尔奇在谈到领导方法时说："我的工作是为最优秀的职员提供最广阔的机会，同时将资金作最合理的分配，投入到最合适的地方去。这就是全部——传达思想，分配资源，然后让开道路。"

在今天的知识经济与信息化时代，企业效益的来源、发生和出现，都已经发生了本质性的改变，商业环境呈现出新的特色。这是一个比以往任何时候都讲求人尽其才、物尽其用的时代，于是我们看到自由职业者、SOHO一族、小型家庭办公者出现了，他们开创了全新的工作方式和管理理念。

这些自由自在的工作人员，都与特定组织保持着密切、紧凑的业务关系，而他们为这些企业创造的经济效益，往往比组织内部成员更多、效率也更高。

远离企业组织反而能创造更大、更多的价值，管理者需要反思自己是否压抑了员工的个性和工作潜能、是否为下属提供了自由施展的空间。

此外，管理者还要注重通过培训激发员工的潜能，释放他们的才智。每年，企业都会吸收优秀人才加入团队，对于这些新成员，做好人力资源的开发和规划是必须的。

作为企业促进内部员工学习的一种手段，培训的目的是改善员工的行为，提高其绩效，更好地实现目标。在对公司新人的培训中，最重要的是让他们深刻地领悟公司的文化，真正融入团队，为日后正常工作打好基础。

实际上，许多著名的企业都非常重视培训新人，目的就是帮助这些职场新人迅速进入角色，让他们为企业和社会创造更大的价值。用培训把"人才"变成"人财"，这是人力资源管理的重要一课，是人尽其才、发挥人才价值的重要保障。

执行赋能

掌握科学授权的十个关键

管理者应该清楚地知道，任何企业管理都离不开授权。管理者不仅需要通晓"他应该怎样去做"，还应当知道"他怎样做会有更好的效果"。在授权的过程中，存在许多细节，如果能对这些细节给予充分的注意，授权会取得良好的效果。我们把这些细节归纳为授权的十大要点。

1. 管理者心态的自我调适

许多管理者不敢把权力授予下属，根源在于他内心对个人权威缺乏安全感，对授权缺乏领悟。决心实施授权的管理者必须先进行心态的自我调适，勇敢地面对自己内心潜在的对授权的恐惧，建立起自信心。

2. 明白授权的必要性

管理者应该明白，如果他们被限制从事一些技术性的工作，便无法充分发挥自己的潜能。管理者的绩效不是用本人的专长技术来衡量的，而是要看他们是否充分发挥了下属的能动性。

3. 创造授权的良好气氛

授权的管理者应致力于在整个企业内部创造一种鼓励创新、承担责任的气氛，这种气氛将成为授权推行的深厚土壤，它所产生的授权推动力是恒久而深远的。

4. 自上而下协调一致的授权

对于授权的深刻理解，管理者应由最高管理层做起，一直推行到最基层。每一层次的管理者都应该了解：为了企业和全体员工的共同成长，管理者必须容许下属做决定，如有错误，亦应妥善处理。

为了授权制度能够获得成功，企业必须准备付出犯错误的代价，并以此作为全体员工追求进步的成本。假如允许新进员工在工作中犯错误，他们就能在错误中学习，从而避免以后犯更大的错误。对于企业和员工来说，这其实是"双赢"的行为。

5. 科学训导受权者

授权不是一种单向的管理手段，而是管理者与下属之间的互助合作。授权行动只有同时得到受权者的认同，才能真正顺利推行，获得成功。事实上，授权正是训练下属的一个好方法，应该引导受权者认识到，接受授权是个人追求进步的一个过程。受权不仅意味着接受了一份任务，更意味着得到了一个舞台。在这个舞台上，他得到了一个脱颖而出、受人瞩目的机会，他的全部才华将得到充分展现。

6. 让受权者明白该达到的效果

管理者应该在下属前方树立一个具有诱惑力而又清晰可见的目标，让受权者明白你的期望结果是怎样的。管理者应要求受权下属把行动计划写出来，让他们认清自己该如何达到预期效果，并需要哪些协助。通过这种形式，你可以确切地了解受权下属对期望绩效的认知程度。

7. 准确了解下属的能力

优秀的管理者不是依据下属的技术和表现出的能力来分派职务的，而是以他们的工作动机和潜在能力来决定的。许多管理者无法充分利用下属的潜能完成任务，这是很失败的管理，更是对人才的浪费。管理者应时刻记住：下属是宝贵的财富，你没有理由不深入地了解你的下属。

8. 事先确立绩效评估的标准

管理者在授权的同时必须把绩效评估的标准制定出来并公之于众，这有利于协助下属员工和管理者双方适时地衡量工作的成果。在"以人为导向"的企业里，考核标准不是由管理者单方面制定的，而是由参与的所有员工共同制定出来的。

9. 给予下属以充分的权力

授权是决策权的下移，管理者要求下属完成某项工作任务，就必须给予其充分的权力，这些权力包括调用企业或部门的人、财、物等各方面资源的权力，当然，这些权力必须是完成工作所必需的。

10. 对员工给予适时的帮助

授权的管理者对受权的下属负有的责任，包括两个部分：其一是监督下属达到预期目标；其二是在下属需要帮助的时候，及时提供协助。这是因为授权的管理者在对企业政策的理解、信息的拥有量以及各种资源条件上占据优势。

人的精力是有限的，一个管理者不可能做所有的事。所以，作为一个管理者必须学会把权力授予适当的人，把事情交给得力的员工去负责，而你只关注最重要的事情，这样做并不会妨碍你成为一个出色的管理者。

执行赋能

授权之后不忘记反馈性控制

杰克·韦尔奇说："当人们犯错误的时候，最不愿意看到的就是惩罚。这时最需要的是鼓励和自信心的建立。首要的工作就是恢复自信心。我想当一个人遇到不顺或者挫折的时候，人云亦云是最不可取的行为。"

很多员工会有这种体验，与管理者相处时，总会感到紧张不安，他们想让管理者高兴却不知如何做才好。当管理者离开时，他们会轻出一口气。没有管理者在场时，他们反倒能全身心地投入工作，能更好地做出决策。

因此，作为管理者，如果你要检验员工是否表里如一，你可以离开员工一会儿甚至一段时间。当你回来时，你会吃惊地发现，员工在你"缺席"时取得了多么令人满意的成绩。

当然，让员工释放工作潜能，前提是你必须充分相信和认可他们，这样才能激发起他们的工作热情，从而提高工作效率。为了防止员工在工作中出现问题，对不同能力的员工要有不同的授权控制：对能力较强的员工控制力度可以小一些，对能力较弱的员工，控制力度可以大一些。

为了保证员工能够正常工作，管理者在进行授权时，也要明确控制点和控制方式，原则上你只能够采用事先确定的控制方式对控制点进行核查。当然，如果管理者发现员工的工作有明显的偏差，可以随时纠正，但这种例外控制不应过于频繁。

反馈控制系统的建立是评估一个管理者是否真正把握授权精髓的关键之一。仅有授权而不实施反馈控制会招致许多的麻烦，最可能出现的问题是员工会滥用他所获得的权力。建立控制机制能够及时发现员工工作中的重大问题，并予以纠正。

管理者对员工授权后的反馈控制，主要包括以下四个方面。

1. 命令追踪

对于已发出的命令进行追踪是确保命令顺利执行的很有效的方法之一，是成功管理者经常采用的控制手段。

命令追踪的方式有两种：

第一种，管理者在发布授权指令后的一定时期，亲自观察命令执行的状况；

第二种，管理者在发布授权指令的同时与员工商定，命令下达，员

执行赋能

工应当定期呈报命令执行状况的说明。

在进行命令追踪时，管理者必须首先明确这样做的目的在于：

控制命令是否按原定的计划执行；

考虑有无足以妨碍命令贯彻的意外情况出现；

考核员工执行命令的效率；

反思、检讨管理者本人下达命令的技巧，以便下次改进命令下达的方式。

基于这样的目的，高明的管理者在命令追踪中就不会只注意细节，他的目光会集中于：

员工所履行任务的质与量；

工作进度；

工作态度；

员工是否有发挥创造性的余地；

命令是否是合适的，有无必要对命令本身做出修正或下达命令取而代之；

员工是否确切地了解命令的含义，并按命令的精神完成任务。

2. 有效的反馈

有效的反馈需要把握如下五个要点。

第一，反馈应具体化而非一般化。对员工一般化行为的笼统评价常常缺乏说服力。如果管理者确实要评价员工的工作态度，应拿出考勤单或其他依据，说明员工过于散漫，而且这种工作态度对工作业绩确实产生了不良的后果。

第二，反馈依赖数据说话。不要在"事实"上与员工发生争执，如果管理者认为工作进展"很糟糕"，而员工认为工作进展"还不太坏"，这将是最糟糕的事情。管理者要到财务部门、考勤部门、销售部门等地方获取能够用于证明工作进展情况的数据。

第三，反馈要针对事件而不是针对人。作为管理者，若发现自己将一件重要的工作交给员工去做，而他做得很糟糕时，气愤是可想而知的。但是，对于工作来说，责备人于事无补。所以，管理者应该心平气和地与员工坐下来共同探讨补救的措施。

第四，把握反馈的良机。如果管理者发现员工工作中的问题，一个多星期后才告诉员工，这显然不合适。因为这时员工可能已经进入下一个阶段的工作，但他此时不得不退回来，对一个星期之前的工作进行改进。相反，如果管理者对员工工作中可能存在的问题一有所察觉，就急于反馈同样是不明智的。只有当你拥有充分的理由证明自己的观点、让自己足够冷静、让员工去思考这一问题，这时的反馈通常能取得良好的效果。

第五，反馈是确定的、清楚的，可被准确理解的。许多管理者把反馈变成了抱怨，而且缺乏主题。他的不满好像有很多，涉及员工工作的许多方面，而每个方面又谈得很模糊，员工能听清管理者说的每一个词，却并不理解管理者的确切意思。

3. 监督进度

表面上，授权使管理者对工作及局面的控制退到了幕后，但实际上反而使管理者的控制在授权中的地位得以凸显，因而管理者必须使自己的控制技巧更加高明，才不至于使工作陷入失控的状态。同时，因为授权，管理者得以从具体烦琐的事务性工作中解放出来，其中的一部分精力将被用来监督委派出去的工作。

授权中的控制技术包含：

监督工作进展，尽量避免干涉员工的具体工作；

以适当的方式提出意见或提醒；

确认绩效，兑现奖惩。对于员工做出出色的工作时，管理者要给予充分的鼓励，对于员工工作中的不足提出意见。如果管理者能将精神推动与物质奖惩相结合，效果会更好。

4. 全局统筹

授权使企业管理者们有更多的时间和精力思考全局的问题，他们往往比事必躬亲时更能统御全局。

有效的全局统筹会在三个层面上进行。

第一，对组织的控制——高明的管理者常常采用纵向画线、横向划格的管理模式来实现组织控制。纵向画线即界定各个员工对上、对下的权限；横向划格即界定各员工之间的权限。这种做法可以使各员工既处于自己的指挥之中，又不能成为指挥不动的独立王国。

第二，对于工作的控制——管理者对工作的控制分为静态控制和动态控制两个方面。静态控制是对工作目标、工作计划、规章制度的制定做到心中有数；动态控制是在工作过程中，为预防和纠正失误、偏差而采取的指挥、调整和协调手段。

第三，对员工的控制——在对员工的控制上，除了选择好控制时机之外，最重要的是控制程度的把握。对员工的控制既要坚决果断，又要防止粗暴武断；既要讲求时效，又要防止操之过急；既要反应灵敏，又要防止"神经过敏"。高明的管理者懂得在"过"与"不及"之间寻找最恰当的控制点。

"非得贤难，用之难；非用之难，任之难也。"管理者应该把目标、职务、权力、责任四位一体地分授给合适的下属员工，并充分地信任他们，放手让他们去做。落实到具体的做法上就是：画一个圈子，给员工指一个方向。你别绕过圈子，绕过圈子就是你的不对。但在圈子里面，你怎么做就是你的事情了，你可以尽情发挥。

执行赋能

强化对中层干部的监督工作

在格力，有一个重要理念是"干部决定一切"。干部为何如此重要？干部在企业中到底起到了什么样的作用？举一个例子来说明这个问题：一个企业好比一个人，企业中的"一把手"就是这个人的大脑，企业中的干部便是这个人的脊梁，普通员工则是这个人的四肢，这个人的血液是企业的文化。

通常，人的大脑和四肢是被人关注最多的地方，"脊梁"和"血液"常常是被人忽视的地方。但事实上，"脊梁"是支撑躯体健康运动的核心。一个人如果没有了脊梁，就算拥有了世界上最聪明的大脑，也无法让一个躯体正常地运动。

由此可见，干部在企业中的重要性无人能比，干部尤其中层干部是企业的中流砥柱，如果一个企业中有一批好的中层干部，企业便可以成就辉煌，如果中层干部不团结，没有高素质，便会给企业带来灭顶之灾。既然干部尤其是中层干部在企业中占据着如此重要的地位，那么，作为现代化企业和现代企业的管理者，该如何去培养中层干部呢？

董明珠认为，要培养一个干部很不容易，要培养一个中层干部更不容易。首先要解决的当然是"德"的问题。德在先，才在后。此外，当一个人拥有权力的时候，也是最考验人的时候。一个员工平时可能很优秀，是人们眼中优秀的人，但当他手中拥有权力后心理便会膨胀，便会出现各种以权谋私的行为。所以说，这时候才是考验一个人的时候，这个人是不是真正优秀的人一看便知。

董明珠在格力经营部时，一位中层干部被另外一家空调企业挖角离开了格力，和这位中层干部一起离开格力的还有两名财会人员和八名业务员。这次集体辞职在当时的格力内部乃至整个空调业内都产生了很大的震动，一时间人心浮动。

当时格力公司的总经理朱江洪意识到了事情的严重性。朱江洪是技术出身，以往一直把主要的精力放在产品质量和技术开发上。这次事件之后，他意识到中层干部队伍的建立和稳定对一个企业的重要性。

朱江洪开始反思，中层干部中究竟有多少是不称职的？管理中出现的不足和缺陷如何弥补？朱江洪决定从经营部开始，进行中层干部的选拔。于是，董明珠在中层干部的选拔中脱颖而出，她从一名基层业务员一跃成为经营部部长。

董明珠上任经营部部长后，格力便强化了对干部队伍的建设。从1998年开始，格力把干部放在了首位，加倍重视对中层干部的培养。

执行赋能

2001年，董明珠升任格力总经理。她认为，如果中层干部管理难的问题解决不了，格力就难以发展壮大。于是，在格力高层统一意见后，她决定对格力进行改革。首先，董明珠迅速撤换了一批不合格的中高层干部。其次，在格力实行了一场目的明确的改革。于是，一场"大决战"爆发了。

格力改革的内容很明确：杜绝暗箱操作，营造一种良好的公平竞争的氛围；使干部选拔更加民主化、透明化，这种更为公开的方式，使大家都有公平竞争的机会。

这场"刮骨疗毒"让格力电器摆脱了停滞不前的状态，企业管理也彻底走向了规范。2001年，格力电器销售额为70亿元；2005年，一度达到230亿元。也正是在这一年，格力电器以1 200万台的销量超越了韩国品牌LG，成为空调行业的世界冠军。

在格力十周年庆典结束后，董明珠把所有中层干部拉到外地，开起闭门会，大行整顿治理之风。在董明珠铁腕治腐的整顿下，格力内部的风气大为改观。

通过研究格力，我们可以发现这家优秀的公司对中层干部的管理监督主要是从以下三个方面入手的。

1. 坚持及早发现

对中层干部监督的关键是及早发现中层干部的小毛病。要坚持走基层路线，进一步畅通基层员工反映问题的信息渠道，采取员工监督、领导监督、干部监督等多种方式，充分发挥网络、总经理信箱等的监督作用，通过日常考核和定期考核，多层次、多渠道管理监督中层干部，及时发现中层干部身上出现的倾向性、苗头性问题。

2. 做到及早教育

企业可以通过平时的学习培训，加强对中层干部的教育，如反腐教育，开展经常性的自我思想汇报和座谈，不断筑牢其思想防线。

3. 要及早追究

发现中层干部存在问题，要及早查处，严厉追究且要追究到位。要进一步加强对不能胜任现职和不称职的中层干部的调整工作，不断地警示教育企业的中层干部，形成干部不敢腐败、不敢专权、不敢失责的良好环境。

对现代企业来说，做好中层干部的监督工作既要从大处着眼，搞好对中层干部的全程监督，又要从小处入手，及早及时地了解中层干部在工作圈、生活圈中的不良信息，及早发现、及早教育、及早追究、及早纠正，防微杜渐，防止其在违法违纪的道路上越走越远。

> 执行赋能

按照管理层次和岗位职责对下属授权

　　对一家规模庞大的企业来说，如果老板事事亲力亲为，那是不可想象的事情。事实上，每个企业都聚集着一大批有才华的管理人员，以及各个领域的专家。他们管理、领导着各自工作范围内的团队成员，保证了企业的正常运转。可以说，企业之所以能把生意做大，一个重要的原因就是他们善于寻找操作能力强的人才，替老板独当一面。

　　对企业来说，最大的悲哀则莫过于有才不知、知而不任和任而不用。今天，授权已经成为企业充分利用人才的一种重要手段。朱江洪和董明珠都是乐于并且善于将权力分配给自己下属的人，他们懂得该放手时就放手，为下属创造一个施展才华的舞台。

　　在格力，在许多人眼中，朱江洪是比较容易沟通的领导。当格力在关键技术的研发遇到瓶颈时，朱江洪不是对团队施压，而是安慰研发团队。而董明珠的特点与朱江洪恰恰相反，不仅气场强大且要求极严，批评人毫不留情，下属们在她面前难免会战战兢兢。

董明珠的强势是有其原因的。她用十年的时间一步步从基层业务员做到格力总裁，每一级晋升都意味着一场战斗。董明珠曾经是格力的销售冠军，专业能力极强，成为总裁后她更加充满自信，但对下属也多了一些不放心。

朱江洪曾说："我只管关键的大事情，一般的我不抓，不然要那么多老总、副总干吗？"朱江洪是提倡放权的，但董明珠却对放权问题相对保守。也许正如华为董事长任正非所说："一个什么都懂的领导，反而不敢大胆放权。"

董明珠并不是不放权，对于下属，董明珠可以放手、放权，只不过，对于放权的下属，她会更加严格对待。董明珠越来越同意朱江洪的观点，管理一定要放手，但放手不等于不管，不等于不监督。正是因为格力有了全面的监督体系，因此才敢放手。

在格力，董明珠是一个绝对理性的人，该控制的她会控制，该让员工发挥得好会绝对放权。在她看来，适时地按照管理层次和岗位职责对下属进行放手既能够打破陋习，给员工广阔的发展空间，也能激发员工对企业的责任心和忠诚度，达到双赢的效果。这有点像家长在培养孩子，只要不犯大错误，就任其折腾，一旦犯了原则上的错误，就对其进行教育。董明珠培养人才的苦心，可见一斑。

由此可见，真正高明的领导者善于使用众人的智慧，善于为员工制定规范，实现远大目标。下属各有所长，就应当根据其特点安排不同的职位，使其能够充分发挥才干。

不过，即使知道授权的重要性，一些企业领导却并未能真正做到。在实际工作中，企业领导的工作习惯和一些认识的误区是导致授权丧失效果的主要障碍。如果说董明珠和朱江洪是懂得授权的高手，这是因为他们在工作中避免了陷入这些误区。

董明珠认为，对授权的对象要求一定要严格，但不能苛刻。很多企业领导都会这样认为，把一项工作授权给能力高的人才是合理的。实际上，不同的工作可以授权给不同的人，针对特定的情形和对象使用最佳授权方式，可以减少团队中资源的冲突。

有时候，由于员工是新手，管理者不敢对其授权。这种做法是相当错误的，授权的过程其实也是一个授权者与被授权者共同进步、共同承担责任、共同学习的过程，新手同样具有潜力和价值。在格力，只要你达到了格力考核的要求，你便能成为授权的对象。

一个管理者既然能坐在领导层的位置上，肯定是有过人之处的。但是，管理者即使在很多领域中都具有非凡的能力也一定要避免事事亲力亲为，因为那不代表你的成员不能做这些事。如果你习惯事事亲力亲为，那么，也容易"培养"出惰性员工，你自己也会被这些琐事缠身，而没有更多的精力去做真正需要你做的事。

在董明珠看来，格力的干部和员工都是能力非凡的，这种非凡的能力正是在合理的授权下培养起来的。在工作中，要求严格是无可厚非的，但如果要求过于尽善尽美则会使管理者对下属的能力产生怀疑，从而在授权工作上止步不前。

无论是竞聘制还是考核制，都应该建立在公开、公平、公正的基础之上的。随着授权的开始，绩效评估的标准也会随之而来，如果达不到这个标准，授权会被收回。

授权是管理者与下属之间的互助合作，所以，授权行动只有得到受权者的认同，才能顺利推行。事实上，授权也是训练下属的一个好方法，通过受权后得到的舞台，下属的全部才华才能得到充分展现。权授下去后，管理者不是完成任务了，管理者对被授权的对象是负有责任的，其一是监督下属达到预期目标，其二便是在下属需要帮助的时候，及时提供协助。

授权重要，但是授权并不等于放权不管。授权后要及时跟进，绝不使之失控。除了跟进，还要对受权的下属进行监督和控制。

不可否认，企业的根本目的是营利，而适当放权有益于公司的发展。如果每一个企业的管理者都能大胆放心地授权，从琐碎的事务中脱身出来，便能把精力更集中地放到大局上来。公司上下各司其职，何愁业绩会不好呢？

执行赋能

无为而治是管理的最高境界

每个企业都在不断追求着管理方面的进步，管理程序上更加细化和优化。管理水平构成企业的核心竞争力，管理创造效益，这些观点得到了普遍的认同。

涉及管理的方法和手段，"管理"有时候和"控制"具有同等的意义。对什么样的管理是最好的管理，大家莫衷一是。适合企业的管理就是最好的管理，往往具有很大的说服力，但这句话说和没说是一样的，企业千差万别，我们无法找到最好的标准。

每个去过谷歌的人都会对它不拘一格的"自由式"办公区留下深刻的印象。办公区沙发随处可见，员工可以随意喝咖啡聊天，甚至分不清哪里是办公区，哪里是休闲区。谷歌的工作模式就是平等地倾听每一位员工的声音。

几十年来，谷歌的花钱速度在硅谷堪称奇迹。对于员工，谷歌有着较为完善的福利制度，包括免费三餐、免费医疗、滑雪旅游以及洗衣服务等，同时还为员工个人培训提供补贴。此外，谷歌还允许工程师们将20%的工作时间用于自己喜欢的项目，此举是为了鼓励员工开发新产品，以减少公司对互联网搜索广告业务的过度依赖。

谷歌的创始人谢尔盖·布林曾经说过："我们公司的创造力就是我们的员工。我们以后如果遇到瓶颈，那一定是我们没能以足够快的速度雇到最聪明、最能干的员工。所以，我们必须要对员工负责，让他们长期留在公司，为公司服务。"

管理作为一种实践，既然能用来评价一个企业的好坏，那么它一定是有最高境界的。每个人根据自己的工作有决策的权力，是企业基业长青的最有效的方式。在这种现象的背后，所揭示管理的趋势和最高境界就是——企业中的每个人都能自我管理。如同老子用"无为而治"来表达治理国家的最高境界一样，治国和治理企业其实是一样的，无为而治也应是企业管理的最高境界。

老子认为，无为，然后能无不为；无为，然后能有作为。

有为与无为两个看似相反的动作，其实是相互贯通的。顺应客观，无为而治，并非完全听天由命，任人摆布，而是在顺应客观的同时，主动地、策略地、乐观地、自觉地去驾驭现实环境中所遇到的矛盾，并制定合理的方针、策略。

为什么说无为而治是企业管理的最高境界呢？主要有两个方面的原因。

执行赋能

1. 和企业存在目的有关

企业作为社会的一种器官，它存在的目的就是为外界提供有效的服务。如德鲁克所言："组织内部不会有成果出现，一切成果都是发生在组织外部。"管理只不过是为了更好地整合内部资源，从而实现为社会服务的目的而实施的一种手段。但是，当企业越来越大，内部的种种事务也变得越来越多时，会占据着管理者大量的精力、兴趣和能力。企业在管理上消耗大量的资源，但是往往忘记了管理本身不是目的，为了管理而管理是一种本末倒置。

2. 和企业中最重要的资源——"人"有关

在社会中工作的每个人，最大的渴望可能都是自由，现在的管理在很多方面是剥夺了人的这种自由权力的。不剥夺人的自由就管理不好企业吗？企业的活力、企业的团队精神只有建立在每个人失去自由的基础之上吗？对此笔者持强烈的怀疑态度！

管理者能否管理好别人从来没有被验证过，但每个人完全可以管理好自己却是被验证过的。所以，企业的无为而治与个人的自我管理结合起来，最大限度地激发人的主动性和有效性，才是企业竞争能力的来源。

"无为而治"，无论是大企业，还是小企业，都是管理的最高境界。认识到这一点，企业才会走在正确发展的道路上。

第 05 章
执行管理工作要以结果为导向

执行赋能

不问做了什么，只问结果如何

在任何时代，我们都需要任劳任怨、勤勤恳恳都做事。但也必须看到，在凡事讲效益的现代企业，光靠"老黄牛"那样埋头苦干已经不行了。赋能执行力的一个重要支点，是把结果摆在管理者的面前。

这一天，张总安排了两个相同的任务给小张和小王两位员工去做。小张每天早早上班，推迟下班，连星期六、星期天都不休息，弄得心力交瘁，愁眉苦脸。但是，由于他没有达到要求，张总对他很不满意，甚至还对他严加批评。小王则从不加班加点，每天把该做的事情都做好，并将相关的进度和领导汇报。最后，他被提拔为部门主管。

现代企业正越来越认可一个新的理念：做任何事情都要讲究效率和效益！不仅要努力去做事，更要把事情做成，做好！

多年前，美国兴起石油开采热。有一个雄心勃勃的小伙子也来到了采油区。但开始时，他只找到了一份简单枯燥的工作，他觉得很不平衡：我那么有创造性，怎么能只做这样的工作？于是，他便去找主管要求换工作。

没有料到，主管听完他的话，只冷冷地回答了一句："你要么好好干，要么另谋出路。"

那一瞬间，他涨红了脸，真想立即辞职不干了，但考虑到一时半会儿也找不到更好的工作，于是只好忍气吞声回到了原来的工作岗位。

回来以后，他突然有了一个感觉：我不是有创造性吗？为何不能在这平凡的岗位上做起来呢？

于是，他对自己的那份工作进行了细致的研究，发现其中的一道工序，每次都要花39滴油，而实际上只需要38滴就够了。

经过反复的试验，他发明了一种只需38滴油就可使用的机器，并将这一发明推荐给了公司。你可别小看了这1滴油，它给公司节省了上万美元的成本！

你知道这位年轻人是谁吗？他就是洛克菲勒，美国最著名的石油大王。

很多企业中，有着很多毫无价值的"忙人"。他们每天在急急忙忙地上班、急急忙忙地说话、急急忙忙地做事，可到月底一盘算，却发现自己并没有做成几件像样的事情。他们往往以一个"忙"字作为自己努力的漂亮外衣，却没想到这种忙只能是"穷忙""瞎忙"，没有给自己和单位带来任何效益。

一个员工要想成就一番事业，就必须从一开始就牢固树立自己的结

执行赋能

果意识，以实现结果为工作最终，且唯一的目标。

作为华人首富，李嘉诚的名字可谓家喻户晓。他之所以能成为华人首富，也并非没有规律可循：从打工的时候起，他就开始树立做事只看结果的思维。

从十多岁开始，李嘉诚就挑起了整个家庭的生活重担，他不得不靠打工来维持生计。他先是在茶楼做跑堂的伙计，后来应聘到一家企业当推销员。

干推销员首先要能跑，这一点也难不倒他。以前在茶楼成天跑前跑后，他早已练就了一副好脚板，可最重要的，还是要把产品推销出去。

有一次，李嘉诚去推销一种塑料洒水器，连走了好几家都无人问津。一上午过去了，一点收获都没有。如果下午还是毫无进展，回去将无法向老板交代。

尽管推销得不顺利，他还是不停地给自己打气，精神抖擞地走进了另一栋办公楼。他看到楼道上的灰尘很多，便突然灵机一动，去了趟洗手间，往洒水器里装了一些水，将水洒在楼道里。经他这样一洒，原来很脏的楼道一下变得干净了起来。而他的这一举动立即引起了办公楼管理员的兴趣。就这样，他轻松卖掉了十多台洒水器。

在做推销员的过程中，李嘉诚很注意重视分析和总结。在干了一段时期的推销员之后，公司的老板发现：李嘉诚去过的地方比别的推销员都多，成交的也最多。从此，老板便对李嘉诚格外赏识。

纵观李嘉诚的奋斗历史，其实就是一个不断用方法来达到结果的历史。因此，每位有志于成功事业的员工都应该格外重视工作的效率和结果！

当前，许多企业提出了一个"新敬业精神"的理念。这一理念的核心，就是强调以效益为核心。让"老黄牛"插上效率和效益的翅膀！从员工的角度来讲，只有你为企业创造财富，企业才会给你财富；只有你为企业创造机会，企业才会给你机会！

做一个凡事讲究效率的忙人吧，这样的忙，才会有价值！做一个凡事讲究结果和功劳的人吧，这样，你才会赢得最快速度的发展，并得到最大的认可与回报。

要想造就一流的企业，必须先从打造一流的员工开始。一个员工只有把每时每刻的工作结果与企业的生死存亡紧密相连时，才会开始向一流的员工迈进；一个企业只有以生产的结果来引导员工的工作行为时，这个企业才开始向一流的企业迈进。

> 执行赋能

奥卡姆剃刀定律：把握关键，化繁为简

奥卡姆剃刀定律即"简单有效原理"。人们所做的事情大部分都是无意义的，只有一小部分是有意义的。所以，复杂的问题往往可以通过最简单的方法来解决，做事必须找到关键。

你是否常常为一个难以解决的复杂问题而忙得焦头烂额？不妨试着通过简单的方法去解决问题。

简单绝不是一个贬义词，简单思维是指以"简单"为核心的思维方式。从思维科学的角度来讲，它并不是一种低级的思维方式，而是一种特殊的思维方式，能够帮助人们化繁为简，提高办事效率，处理各种问题。

苹果公司创始人史蒂夫·乔布斯认为，最重要的决定不是决定做什么，而是决定不做什么。

作为极简主义的信徒，乔布斯的房间里只有一张爱因斯坦的照片、

一盏桌灯、一把椅子和一张床。但是，这仅有的几种东西都是经过他谨慎选择的。这种极简思维延伸到苹果的产品上，表现为在设计上化繁为简，舍弃多余的元素。

后来，乔布斯被迫离开了打拼10年的苹果公司。

1997年7月，在连续5个季度亏损后，苹果公司董事会罢免了当时的CEO，乔布斯临危受命，对奄奄一息的苹果公司进行了大刀阔斧的改革。他砍掉了没有起色的产品线以及新产品降价促销的措施，终于使苹果恢复了元气，重新成为世界的宠儿。

苹果的战略实际上很简单：只要聚焦于制造最好的产品，回报自然随之而来。

简单的解决办法，往往是最实用、最有效的。需要注意的是，乔布斯的"化繁为简"，不是乱砍一气，而是在对事物的规律有深刻认识之后的把握关键，化繁为简。

工作中，人们习惯于把事情想得过于复杂，以为所有事都在朝着复杂的方向发展。实际上，复杂会造成浪费，而效能则来自简单。因此，你需要重新审视自己所做的事情和所拥有的东西，学会把握关键，然后运用奥卡姆剃刀，舍弃不必要的内容。

"大乐必易，大礼必简。"世界的表现形式虽然复杂，但是解决问题的方法却是简单的。把握住关键，用简单的理念去处理、去化解。

执行赋能

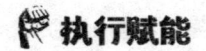

在公司内部实现快速复制的能力

团队成员之间需要相互借鉴和学习，整体的战斗力才能得以快速提升。公司规模发展壮大，需要把成功的经验和模式推广出去。在提升公司执行力这件事上，快速复制能力是一种屡试不爽的法宝。

万达是中国地产上最早涉足商业地产开发的企业之一，当别的地产企业还在为采用何种商品模式，如何进行招商，怎样管理团队等苦恼时，万达早已经有了一套成熟的运营模式，并创造了一年之内开业项目多达20个的地产界神话。

万达究竟有哪些成功的秘诀呢？

首先，万达实现公司内部的快速复制最主要的原因之一，便是独创的订单式商业地产模式。万达与国美电器、沃尔玛、万佳等实力派企业建立了长期的合作关系，可以说哪里有万达，哪里就有它们的身影。除此之外，万达还经营着自己的万达影院、万达百货、KTV等多种商业项目。如此一来，万达在项目筹建之初就已经完成了招商工作的60%，大大缩短了后期的招商周期，降低了招商工作的难度，也确保了项目建成之后招商工作的顺利完成。这种订单式的招商模式是万达实现公司内部快速复制的主要后勤保障。

其次，万达由于入行已久，积累了非常丰富的经验，在实践中也很实用。这一点从专业技能上大大提升了万达公司内部的快速复制能力。所谓经验，就是通过实际工作中一点一滴总结出来的宝贵教训。万达所积攒下来的经验得以充分利用，在这些宝贵经验的指导下，万达学院甚至专门研制了一套产品的设计标准。凭借这一点，在项目的规划设计工作开始时，就已经有了重要的参考依据。工作人员只需要结合当地的实际情况将参考标准进行一些简单的修改，便能直接套用万达自己的产品设计标准了。因而，项目的前期设计工作被大大简化了，从而保障了公司内部的快速复制。

再有，领航人王健林将自己多年在部队生活形成的良好习惯融入万达的管理工作之中，打造了一支执行力超强的军事化管理团队。在这里，严格奉行"令行禁止"的军事化管理文化，并制定了严明的赏罚标准作为公司内部规章。正是由于这支作风过硬的团队，直接保证了万达公司能够快速复制，确保了各个项目都能同时开工运行。

一个企业若想做大做强，除了有独特的产品模式外，还要重视经验这笔无形财富的合理运用。重视经验，善于弥补不足，吸取以往的教训，就能在后面的行动中快速上手，比竞争对手做得更专业。那么，在

执行赋能

企业经营过程中,应该如何培养这种强大的经验整合能力呢?

1. 失败也是一种财富

任何人都渴望成功,然而在涉世之初因为缺乏正确的指导,很多人往往事倍功半,无所作为,甚至有的人还会接受一些错误的信息,从而误入歧途。做企业同样如此,从创业的那一刻开始,我们注定要经历大大小小的失败。它们如冬日里的霜雪,既可以凋叶摧草,也可以使菊香梅艳。

真正顽强的经营者敢于正视失败,因为他们深知:失败是成功之母,没有前面九十九次的失败,就不会有第一百次的成功。失败是通往成功的阶梯,每失败一次就意味着距离成功又近了一步。因而,当企业遭受失败时,一定要懂得总结教训,寻找问题的根源,从中找到自身的不足,从失败中摸索通往成功的道路。

2. 走出去,去学习

有一句著名的电影台词说得好:"如果你不出来走走,你就会以为这就是世界。当你跳出自我的圈子,从自己狭小的空间里走出来,把眼光放开,你就会发现,其实世界上有很多宝贵的经验都值得我们借鉴。"如果一个企业想要少走弯路,少经历失败的痛苦,最有效的办法就是主动走出学习、借鉴其他企业的经验。

中国人素来以"不耻下问"为美德,能屈能伸好做人,可高可低大丈夫。一个才高八斗、位高权重、家财万贯的人,假使能不耻下问,主动去学习和借鉴，前面的路则会越走越宽。王健林认为，企业也是如此，走出去，去学习和借鉴，是一家成功创业者必不可少的文化底蕴。

3. 具备超强的执行力

执行力是对一个企业员工的心态能力和技术能力的综合，两种能力缺一不可。对于企业而言，提升执行力有哪些诀窍？方法有两个：一是积极寻找具有卓越执行力的员工；二是注重内部培训，打造出一支具有卓越执行力的团队。一名具有卓越执行力的员工是企业不可多得的人才，可遇而不可求。因而，提升企业的执行力主要还是通过自身的后天努力。

在很多企业中，经常会出现这种现象：非常重视员工的技术能力，并为此挖空心思地组织了各种各样的竞赛，而对于员工的心态并不是很重视。时间一长，这些企业就成了名副其实的冤大头——培养出了大量的"白眼狼"。在关注员工技能提升的同时，还要重视员工心态、价值观的塑造，坚持两手都要硬的原则，从而打造出具有卓越执行力的团队。

4. 给员工足够的动力

美国心理学家亚当斯曾研究人的积极性与分配方法之间的关系，最后指出：工资报酬的合理性和公平性对人们工作的积极性有较大的影响。这说明，"赏罚分明"能使人心服口服，能增强公司的执行力，从而顺利完成组织目标。作为企业的管理者，对员工进行心态培训的同时

执行赋能

还应注意奖罚技巧的运用。

　　一个企业必须有好的激励策略,使得下属有足够的动力和激情来面对激烈、残酷的竞争,才能实现组织的目标。而好的激励制度的设计应把奖励和惩罚两种手段有机地结合起来。多年来,王健林在万达内部设立了有效的激励机制,最大程度上调动了员工的积极性、主动性和创造性,由此也使万达在执行上更快一步,实现了商业运营商快速的复制能力。

用目标约束员工，努力实现梦想

想要实现梦想，必须先设定明确的目标，并矢志不渝地朝着目标前进，有不达目标誓不罢休的精神。也许在几年之内你并不能实现梦想，但只要一直努力下去，你会发现自己离梦想越来越近了。

在团队管理中，很多管理者不知道如何调动员工的积极性、释放他们的潜能，大多是因为忽视了工作目标的设计。对日常工作和阶段性工作进行规划，描绘出未来的宏伟蓝图，有助于调动员工的热情，自动自发地干好本职工作。

在百米竞技的世界里，苏炳添是第一个跑进10秒的黄种人。这位"亚洲飞人"懂得树立目标，并用目标严格约束自己。当然，他的成功并非一帆风顺，在早期也曾因为训练太苦，险些放弃短跑。

在2011年全锦赛上，苏炳添打破了全国纪录。面对巨大的成功，他有些"自满"，开始享受起安逸的生活，训练也不像以前那样刻苦了。

执行赋能

到了2013年,他保持的纪录被张培萌打破,这令他顿时产生了深深的挫败感,悔恨自己为何没有严格训练,进一步提升自己。

随后,苏炳添为自己设定目标,并不断突破。2014年,他为自己定下了两年之内"突破10秒"的目标。之后,他开始向这个目标努力。为了保证训练时间,苏炳添拒绝了大量采访,与安逸的生活彻底隔绝。

为了实现"破10"的目标,苏炳添对训练提出了苛刻的要求,任何细节都不放过。他发现起跑的时候,左脚出发比右脚出发奔跑起来更加有力,更加顺畅。于是,他向教练提出了换脚的请求,这一改变让他在100米跑中提升了速度。

经过一番严格的训练,目标终于变为现实。2015年5月31日,在美国举办的国际田联钻石联赛尤金站比赛中,苏炳添以9秒99的成绩夺得季军,实现了自己两年内突破10秒的目标。清晰的目标加上刻苦的训练,让苏炳添创造了奇迹。

在团队中,员工拥有清晰而明确的目标,做任何事都不会迷失方向。那些一事无成的人,往往没有设立目标,或者虽然设立了目标,却没有付诸实践。团队管理者如果忽视员工工作目标的设置,势必让大家迷失方向。

同样的学历、智商和努力程度,有清晰、长远目标的人,经过不懈努力更容易成为团队中的佼佼者;那些拥有短期目标的人,虽然没有到达金字塔顶尖,但也会小有成就。那些没有工作目标的人,很难在工作中有所建树。因此,用目标约束自己,努力实现梦想,是迈向成功的必经之途。

具体来说，制定日常工作目标和计划的步骤是怎样的呢？

1. **明确工作范围**

工作范围也就是日常需要做的全部工作，比如项目所涉及的类型，需要完成哪些工作，需要多少资金、设备、人力投入等。

2. **分解任务，估算时间**

将整个工作项目分解成若干的任务，并具体安排到每一个项目成员身上，接着依据成员的工作时间评估，来大致估算整个工作所需要的时间。

3. **主计划与辅计划**

工作计划不可能全部是主计划，也不能全部都是辅计划，必须主辅计划相结合、相匹配，才能保证整个工作的顺利实施。

4. **工作计划的确认**

并不是管理者认同了工作计划就万事大吉了，除了项目重要领导者和干系人的确认外，还需要客户对项目目标和计划进行确认。

年初有计划，年底有总结

明日复明日，明日何其多！日日待明日，万事成蹉跎。生命总是有限的，人生的意义在于尽最大可能创造更多财富、抓住更多幸福。实现这一目标，有赖于提高效率，这相当于延长生命的时限。

现如今，很多企业都流行"加班文化"。企业的管理者非常看重"艰苦"，认为企业想要快速发展就必须艰苦奋斗，所以才有"加班文化"大行其道。其实，这是一个误区，企业的快速发展需要提高效率，与员工加班没有太直接的联系。特别是针对已经有一定规模的大企业，"加班文化"是典型的有病乱投医。

很多企业在创立之初都会强调"加班文化"，原因是组织运行、业务拓展都没有打开局面，管理者对市场和各项管理工作都十分陌生，因此唯有比别人多付出才能摸清道路，看清方向。所以，在许多管理者看来，不加班怎么行？然而，随着企业逐渐步入正轨，规模逐渐扩大，领导者必须坚决摒弃这种低效率的"加班文化",取得代之的是"高效能文化"。因为,任何一家有潜质的企业绝不是靠加班加出来的,而是靠高效率做事获得成功的。

万达的崛起就是典型的"高效率"代表。自2001年至今,它一直以惊人的"万达速度"向前飞跃,其执行力是世界公认的。万达拥有如此高效的发展速度,除了自身相关制度的严格控制,还有一个重要原因,那便是王健林强烈要求万达集团必须做到一点,"年初有计划,年底有总结"。

纵观万达的年度总结大会,不难发现,会议主要由年初计划和年末总结两部分构成。它们一起成为塑造"万达速度"的重要"功臣"。

首先,"年初有计划",是万达在即将到来的新一年中的直接目标。这个目标是万达集团整体大目标的一个小分段目标。王健林非常善于利用目标的力量来提高工作效率,将大目标分化成无数个小目标,可以给人生动形象的认知,并且让执行变得不再那么遥远。利用年度小目标带动公司工作效率的提升,是王健林在企业管理中的一大绝招。一年一度的企业年度计划,将公司未来一年的发展目标量化,员工就有了方向感,也搞清楚了日常工作的任务是什么。多年来,"万达速度"就是由这一个个的"小任务"滚雪球一般驱动起来的。任务的下达,就意味必须彻底执行、必须完成,因此万达的整个团队都充满了活力。

其次,"年末有总结",这是万达的自省程序。一个企业只有不断反省自己的失误,吸取教训,才会在自我完善中不断进步。否则,就像一辆破旧不堪的老爷车，轻则经常抛锚，出现各种各样的失误；重则全部瘫痪，被社会淘汰掉。

在竞争日益激烈的商场环境中，很多企业只知道一味地追求发展，加足马力向前全力奔跑，却不注重总结经验、教训，很容易失去方向。企业的发展之道在于不断适应市场，只有不断地检查、思索、改进，才能确保稳健成长。在这个过程中，如果没有定期总结和反省，企业就无法在改进中实现跨越式发展，也不能及时根据市场变化进行战略调整。因而，"年末总结"是企业少走弯路的最好方法。

无论是人的成长，还是企业的发展，都要在试错中完成，经历坎坷、磨难，最终迎来辉煌的胜利。期间，从失败到成功的过程需要反省，痛定思痛之后找到正确的方向和方法。企业可以有失误，但是一定要及时总结，只有这样才能快速摸索出正确的道路。

那么，在日常管理中，管理者如何带领下属做好计划性与总结性的工作呢？

第一，计划性。提前制定计划是企业管理工作中的重点。有了计划，管理者就有了明确的方向感，从而可以指导部下做好该做的事，实现企业有序运行。

有计划才能更好地管理。没有一家企业是在没有计划性的情况下盲目发展的。计划为企业管理提供了可供参考的依据，是管理者采取行动的参考标准。企业管理者常常需要根据计划统筹安排，确定各个部门的任务和履行任务的时间，从而保证按时按量地完成计划。

有计划才能合理地配置有限的资源，平衡企业各部分的发展需求，减少不必要的浪费，预先做好充足的准备，从而大大提高企业的发展速度。

有计划才能降低风险。计划本身就是一种对未来的筹划活动，因而会对未来的不定因素做出预测，并予以相应的措施，从而大大降低企业发展的风险。

第二，总结性。总结是企业对一段时间以来的工作分析和研究，意在肯定成绩，寻找问题，总结经验。总结工作同样是企业管理中不可缺失的一部分。通过总结，企业得出系统的、理性的经验和教训，从而为企业的日后发展扫清障碍。

总结工作一般分为两部分：第一部分是总结一段时间以来企业的成绩和过失，第二部分是分析这些成功和失败的原因，并从中提取出宝贵的经验教训。经过总结之后，企业能很清醒地认识自身，不会高估和低估自己，从而面对市场竞争时，能合理地扬长避短。

相较于其他企业死板的管理制度而言，高明的领导者总是能利用一些非常实用且接近现实生活的手段实现企业目标。"年初有计划，年末有总结"，这样一个习惯性的工作环节，蕴藏深奥的管理智慧。可见，优秀的企业能够成功绝非简简单单一句"运气好"所能替代。

二八法则：抓大放小的做事智慧

人的精力和时间是有限的，不可能每件事情都做到十全十美。如果不能合理地利用资源，就可能导致办事效率低下，甚至把事情搞得一团糟。那么，如何高效地做事呢？在回答这个问题之前，我们先来了解一下二八定律。

1897年，意大利统计学家、经济学家维尔弗雷多·帕累托在研究19世纪英国社会各阶层的财富和收益时发现，英国人的大部分财富流到了少数人的手里。与此同时，他还发现一个种群占总人口数的百分比和其所享有的总收入之间有一种微妙的关系。

由此，他得出一个定律：在任何特定群体中，重要的因子通常只占少数，而不重要的因子则占多数，因此只要能控制具有重要性的少数因子即能控制全局，这就是著名的"二八定律"。

后来，这一定律被运用到企业管理中，比如，通用电气公司将奖励放在第一位，这项制度使员工的工作效率更高、表现更出色，但该奖励制度只奖励给那些完成高难度工作指标的员工。

将80%的资源利用到20%的关键事务中，使资源得到最大限度的利用，同时利用这关键的20%带动另外80%的发展，将极大地提升企业运作效率，提高效益。

在企业管理中，管理者可以应用树形分析法将企业目标层层划分，使其形成金字塔形的结构，然后逐步实现目标。在设定详细的战略目标后，还可利用二八定律进行风险识别，对风险进行分析，把控关键的20%的风险。

在投资活动中，将80%的投资用在20%的重要项目上，使得20%的投资带来80%的回报。

企业的资金管理，也适用于二八定律。在处理应收账款时，可以发现，80%的应收账款集中在少数几个大客户身上，其余20%的应收账款则分散于80%的小客户身上。在存货管理中，广泛应用的ABC控制法也是二八定律在营运资金管理中的实际应用。在企业的市场营销中，运用二八定律，可以发现针对多数使用者的营销策略，还可以有效发掘老客户的潜在需求，从而挖掘出关键的目标客户群。

在企业的人力资源管理中，合理地安排员工的工作岗位，有效地进行奖惩，也是二八定律的有效体现。

二八定律可以让企业找到造成某种状况的关键因素，同时找到能够贡献80%产出的20%的投入。当一家企业发现，80%的利润来自20%的产

执行赋能

品,那么企业就应该提高这20%的产品的生产量。

一位著名的管理学家曾说,成功的人若分析了自己成功的原因,就会知道二八定律是成立的。80%的成长活力来自20%的员工,公司知道这20%是谁,就会清楚地看到未来成长的方向。

第 06 章
效率至上：把高效执行力变成团队战斗力

执行赋能

追求"日事日毕,日清日高"

每天都在成长,每天都有进步,这样的公司才有希望、才有前途,才能比竞争对手更有竞争力,并日益发展壮大。市场竞争比拼的是实力,工作中的事情不到位,各种问题就会日积月累,势必会导致"千里之堤,溃于蚁穴"。在日常工作中,追求"日事日毕,日清日高"的管理境界,才能把团队的执行力变成战斗力,实现跨越式发展。

海尔集团本来是一家面临淘汰的家电工厂,亏损金额高达147万元,但是今天这只丑小鸭已经成为天鹅,其全年营业额突破1 000亿元,品牌价值名列全国第一。海尔从1989年开始实施"日事日毕,日清日高"制度,其特点是:全方位地针对每个人每天的每件事进行控制和清理,要求每天必须完成当天的工作,而且每天的工作品质都要有所提高。

"日事日毕,日清日高"具体来说有以下两点:

一是事不过夜,宁可"人等事",不让"事等人";

二是今天的工作必须今天完成，今天完成的事情必须比昨天有质的提高，明天的目标必须比今天更高才行。

无论是任何行业，能够做到"日事日清，日清日高"的公司，才能有好的工作效率。

在每日工作执行的过程中，海尔全体员工会进行每日自我检核，而负责管理的部门也会定期及不定期地进行重复检核，"个人日清"要求员工对自己的工作有要求，"组织日清"则是一种稽核制度，这两者交错形成海尔的"日清日高"控制网络。当工作有异常现象发生时，这项控制机制就会开始运作，海尔要求员工在当天理清原因与责任，及时采取适当的措施，消除公司内部的流程死角，并且避免问题的持续累积，以确保公司策略的彻底实践。

为了做好"日清日高"管理，海尔设计了日清栏、3E卡和现场管理日清表三种窗体，以达到每日工作的有效控制。"日清栏"每天针对每个生产作业现场进行巡回查核，职能巡检人员每两小时会进行一次登记，其检核的内容主要包括品质、设备、原物料、纪律等项目，巡检人员了解现况之后，会将所见所闻填入窗体，并提出自己的查核意见。

"3E卡"的3E指的是Everyone、Everything、Everyday，这种窗体由员工自行填写，检查项目是产量、品质、消耗、技术操作、安全、文明生产及劳动纪律这七个工作要素。"现场管理日清表"则由各级经理人下班的时候填写，针对日常管理的状况进行分析，借以找出发生问题的原因，决定对策及负责人，提高目标管理的可控范围。

执行赋能

一位经济学家说："想要偷学海尔的制度不难，难在持之以恒。"谁能日复一日、月复一月、年复一年不断地重复每日规划、每日执行、每日检核，谁就能实现公司未来美好的愿景与目标。

张瑞敏说过："现在到我们这里来参观的人，每年要有几十万，有的人回去之后，就按海尔的方式来做，有的人给我们反馈过来信息，说学海尔真好，马上见效。过了三个月，他又打电话过来说，他们现在不做了。为什么？太累！天天这么累，受不了。这是一个现象。"

美国著名心理学家威廉·詹姆士说："一个人不是因为习惯而是因优柔寡断以致不能行动，是最糟糕不过了。"在商业竞争中，谁抓住了机会谁就能把握成功，而没有见微知著、善于捕捉和敏锐聚断的能力，就不可能抓住瞬息即逝的商业机会。但想是一回事，做又是另一回事，想到了就要去做，有了好想法不付诸实践，梦想永远只能是梦想。

21世纪是一个"快鱼吃慢鱼"的信息时代，资源共享，信息传递飞快，"不进则退，慢进也是退"，只有快速行动，才能使我们在激烈的竞争中获得更为有利的位置，才能把握住一个个转瞬即逝的机会。

不要让指令成为一纸空文

管理要立足于"管",这里有一个问题是管理者务必紧握不放的,那就是一定要做到令必行、禁必止,这样,你的主导思想才能迅速化为下属的具体行动,你才能管出效率、管出成绩。

在这个问题上,有三点需要注意。

1. 要保证发出的指令正确有效

领导者可以通过"号令"进行有效指挥。发出一个指令是容易的,但要正确且有效地发出指令则是困难的。管人的基本要求是发出的指令要正确,要能有效地执行。

发出正确有效的指令,其要点是指令要明确、要相对稳定。只有发出的指令是明确清楚的,才能使下级对同一指令产生相同的理解,员工才会有一致的行动。要使指令明确,在发出指令时就要使用准确的词语，多用数据，减少中性词汇和模糊语。指令应当包括时间、地点、任务要求、协作关系、考核指标和考核方式等内容。指令还应当简明扼要，一目了然。

如果指令变化得太多太快，缺乏稳定性，下级就会形成一种采取短期化行为的倾向，以便捞取好处。或者下级根本不信任领导者发出的指令，这就会难以管理和控制。因此，在发出指令前要仔细审查指令的可行性，在执行中可能遇到的阻力以及处理的方式。向下级解释清楚指令的内容和要求执行的原因，以统一全员的认识。如在执行过程中发现指令有不切实际的地方，应因事因时而异，区别情况采取不同的补救措施，立即更正发现的原则性错误。

再正确有效的指令如果得不到落实，就等于没有指令。当然抓落实也不意味着要"一竿子插到底"，使领导者陷于琐碎的日常事务之中。抓指令的落实主要是通过定期和不定期的检查来进行。以检查的结果或抽查的结果来判断下级的执行情况，这样下级在执行时就不敢懈怠。

艾柯卡在福特汽车公司总经理和克莱斯勒公司总裁职位上时，采取了"季检查制度"来实行控制。每隔3个月，领导者与直属下级坐下来面谈一次，检查上一季度的成绩及目标完成情况，并定出下一季度的目标。彼此同意后，下级就要写出目标，领导者在其上签名。艾柯卡认为这种方法虽然简单却很有效。

对计划、指令的执行情况进行检查之后，就要采取强化措施。执行得好的要进行强化，给予奖励和表彰，鼓励他们再创佳绩。执行得不理想的，加以批评。还要区分不同的情况，采取不同的纠偏措施。

若是指令本身存在不合理的地方，影响了下级的执行效果，那么纠正方法应是调整指令，使其更加合理和切实可行。

若是指令本身没有问题，主要是下级执行不力或方式不当导致执行效果不佳，则一方面要给予处罚，另一方面进行适当地指导。

2. 要让你的命令迅速被执行

没有被执行的命令是毫无作用的，因此高级管理者应当掌握让命令有效的方法。

并不是向下属发布完命令之后就没事了，信任下属当然有必要，但你的监督也必不可少。

切记，即使在你日理万机、分身乏术的情况下，也不要放弃监督的权力！

为什么有许多命令或指示下达后总是受阻？因为管理者没有监督自己的命令执行情况。

你发布了一条命令，大家听明白了，你笑了，你感到心满意足，你认为自己做了一件很棒的事。你回到你的办公室，端起茶看报纸，一切顺利，天下太平。

这期间，事情进行得很顺利。你的命令被执行得适当而迅速，你可以高枕无忧地去钓鱼。事情会是这样吗？不会的，绝对不会的。为什么呢？因为一个没有检查监督的命令就不能成为命令，而只是一种美好的想法。

要保证工作顺利进行，你的命令就必须得到认真地贯彻，你必须亲自检查工作，因为下级不敢忽视上级的检查。换句话说就是：不检查总会有疏忽！

管理者在向下属发布命令时，一定要做到心中有数，不乱发布命令，不用狂傲的态度去发布命令，发布命令要替下属着想。发布命令之后隔一段时间就需要了解一下命令被执行的情况，至少是统一观念，集中精力，有序工作，明确方向，逐步完善。没有命令，下属就会像一盘散沙，企业就会失去控制和方向。因此，命令是使企业上下一致、同心协力的规范措施，理应重视。

3. 力争实现指挥科学性和艺术性的统一

有成效的领导者在指挥时，既不像将帅统率军队打仗那样发号施令，也不像乐队指挥那么有板有眼。他结合了二者的长处，实现了科学性和艺术性的统一。指挥就是通过命令、指示、要求、指导、说服、示范等方式，使组织中的各部门及其成员积极而协调地实现既定的目标任务的过程。成功的指挥者要学会下达指示，进行授权和委派任务。

领导者下达的指示要有十项要素：什么问题，什么标准（数量、质量的要求），什么人执行，什么时间执行，什么地点执行，什么方式完成，什么手段完成，什么目的，什么事项必须注意，什么方法考核、评估执行任务的最终成果。由于第一个字都是"什"（shen），所以可称为10S要素。其中,"什么方式完成"指在执行任务中采用的方法、方式、措施,而"什么手段"指所使用的工具、机器、设备和物资及所需经费。

下达指示要合乎法规、政策,合乎组织目标,合乎职权范围,合乎实际情况,合乎下级正当意愿,合乎明晰、准确的要求。

指挥方式对于指挥的效果有不同的影响。采用激励说服型的指挥方式,员工会热情接受并取得卓著的业绩,指挥效果最好。一般指示型的指挥方式只会使员工接受工作,取得一般的业绩,指挥效果还可以。而简单粗暴型的指挥方式只会导致消极接受,取得的业绩较差,指挥效果不好。领导者一般应采用激励说服型的指挥方式,并辅以严肃的指示。

总之,管理者的个人指令与已经公布的规则、制度一样,必须得到切实的贯彻执行。如果你总是朝令夕改,让自己的指令成为一纸空文,迟早会出现"管不住人"的局面。无疑,管理者会成为上司、下属眼里那个无可救药的失败者。

艾森豪威尔法则：分清主次，高效成事

艾森豪威尔法则又称四象限法则，由德怀特·戴维·艾森豪威尔提出，是指处理事情应分主次，根据紧急性和重要性，将事情划分为必须做的、应该做的、量力而为的、可以委托别人去做的和应该删除的五个类别。

德怀特·戴维·艾森豪威尔是继格兰特总统之后，第二位职业军人出身的总统，曾获得过很多个第一。为了应付纷繁的事务并高效地处理，他发明了著名的"十"字法则，画一个十字，分成四个象限，分别是重要紧急的，重要不紧急的，不重要紧急的，不重要不紧急的，然后把需要做的事情分类好放进去，再按主次采取行动，从而让工作、生活高效地运行。

工作中，人们总觉得身边有"时间盗贼"，没做多少事情，一天就过去了。忙忙碌碌，年复一年，业绩却寥寥无几。这是因为你80%

的精力去做了只会取得20%成效的事情，做事不分主次必然会导致效率低下。

《大学》有云："物有本末，事有终始，知所先后，则近道矣。"意思是，任何东西都有根本有枝末，每件事情都有开始有终结。明白了这本末始终的道理，就接近事物发展的规律了。做事要认清"本末""轻重""缓急"，并按正确的顺序行动。

安然是一家公司的秘书，日常工作是撰写、整理、打印材料。很多人认为这份工作单调乏味，但她却说自己能够从中学到很多东西。她说："检验工作的唯一标准，就是你做得好不好，而不是其他因素。"

安然深知做事情分清主次才能出效率，所以她在工作时很注重条理性。虽然工作繁杂，但她做得井井有条。后来，她发现公司的文件存在很多问题，甚至经营运作方面也存在问题。于是，除了每天必做的工作之外，她细心搜集了一些资料，并把它们整理、分类、分析后，写出了一份建议书。

经过两个月的努力，她把自己的建议书交给了老板。老板认真阅读了那份建议书，感到非常吃惊。他没想到这个不起眼的年轻秘书居然对公司的事情这样上心，有这样缜密的心思，而且她的分析主次分明，细致入微。

于是，老板立即召开中层会议，讨论并采纳了安然的大部分建议。结果，不仅让公司的运营效率提高了，还为公司减少了许多不必要的损失。

执行赋能

老板认为公司有安然这样的员工是福气，因此对她委以重任。

如果想提高工作效率，一定要分清主次、轻重、先后，学会抓重点、抓中心、抓关键。高效地做好一件事情，做精一件事情，同样要懂得合理分配时间，利用好最关键的资源，并做到重点出击、重点突破。那么，如何分清主次，提高自己的做事效率呢？

首先，应该将事情归类。把每天要做的事情写在纸上，按照艾森豪威尔法则进行归类：必须做的事情；应该做的事情；量力而为的事情；可委托他人去做的事情；应该删除的事情。

其次，确定必须做的事情由谁来做。是否必须由我来做？是否可以委派别人去做，自己只负责督促？

最后，合理分配时间。高效能人士用80％的精力做能创造更高价值的事情，用20％的精力做其他事情。所谓创造更高价值，即做符合"目标要求"或自己比别人更擅长的事情。

运用艾森豪威尔法则，抓主要矛盾、解决关键问题，就能避免把时间和精力花费在次要的事情上，从而提高办事效率。

立即行动才能战胜拖延症

无论做任何事情,如果你选择立即行动,就不会有拖延的现象,也就不会产生各种不良情绪。

事实上,拖延是一个非常可怕的习惯。任何一个有拖延习惯的人,他的状况只会变得越来越糟糕。因为拖延,不仅使原本的任务完不成,还会积累新任务。面对越来越多的工作,任何人都不可能平静,各种不良的情绪也就乘虚而入。

因此,一定要杜绝拖延,而杜绝拖延最好的方法,就是有效的行动力。机会往往稍纵即逝,因此当机会来临时,需要立即行动起来,而不是拖延。无论什么时候,只要你被拖延束缚住,"立即行动"都是最有效的解救方法。

安东尼·吉娜是哈佛艺术团的学生,她多次表达过要在大学毕业后去一趟纽约百老汇。有一次,在她说这句话时被她的心理学老师听到

执行赋能

了。老师问她:"为什么要毕业之后再去?毕业与去纽约百老汇有关系吗?"

安东尼·吉娜想了想,说:"那就一个月之后再去吧,我准备一下。"老师接着问道:"需要做什么准备呢?要一个月的时间。"安东尼·吉娜再一次妥协:"那我下周就去吧!"安东尼·吉娜本以为这下老师应该没有意见了。没想到,老师又问:"为什么要等一个星期呢?为什么不是现在呢?"

就这样,安东尼·吉娜简单收拾了一下,第二天便飞到了纽约百老汇。当时,百老汇的制作人正在挑选一场经典剧目的演员,安东尼·吉娜经过一番角逐后顺利入选,登上了自己向往的舞台。

很快,安东尼·吉娜成了纽约百老汇的新起之星。当别人问及她成功的经验时,她只说了一句话:"我的成功得益于立即行动。"

我们有很多有价值的想法都是因为拖延而不了了之,想要改变这种状况,唯有立即行动。意大利著名无线电工程师马可尼曾说:"成功的秘诀就是培养迅速行动的好习惯!"事实上,这也是许多成功人士克服拖延的秘诀。

首先,制定一个计划表。把一项大任务分解成若干小任务,并将每个小任务安排好先后顺序。

其次,对于每个任务都限定时间,必须在规定的时间里完成。

再次,灵活安排紧急工作。事有轻重缓急,对于一些急需处理的工作,优先处理,将其他不紧急的工作推后处理,这样做也是提高效率的方法之一，并不是拖延。

最后，高效人士讲究劳逸结合，他们高效工作、学习的同时也会妥善安排自娱自乐的时间。等到任务圆满完成后，给自己一段放松的时间，做自己想做的事情，比如听音乐、看电影、逛街等。

克服拖延的最好方法就是马上行动起来。不管有多少事情需要处理，都不要焦躁、拖延，不要为拖延找任何借口、理由，无论什么都不能阻止你立即采取行动。只有立即行动，才能更快达成目标，才能更好地完成工作目标。

执行赋能

如何避免做事只有三分钟热度

人的精力和时间是有限的,在有限的时间里用有限的精力做很多事情,结果就是每件事都只能做一点点。这一点点意味着什么?不是博学多才,而是一事无成。相反,在有限的时间里,用有限的精力去完成一件事情,就很容易在这件事上取得成功。

在团队中,有的人做事只有三分钟的热度,不能长久地坚持下去。难道是他们天生没有耐性,喜欢半途而废吗?当然不是,导致这种局面有多种原因。

1. 专业训练不够

当我们还是孩童时,大脑神经联结处于初级发育阶段,所以行为总是很搞笑,天真动作的背后是大脑神经的自由发挥。到4~5岁的时候,我们出现冲动的意识,连接大脑的冲动控制回路进入快速发育阶段。到十几岁时,已经完全具备了冲动和控制冲动的能力。此时,对孩子进行干预,提高孩子的自控能力,对其一生会产生积极的影响。

当一个人的控制力未受训练或是训练不够时,言行举止和思维习惯会处于无规律状态。此时,人的思维、毅力必定脆弱,无法将一件事情坚持到底。为此,管理者需要督促员工从点滴做起,多磨炼心性,凡事坚持有始有终。

2. 任由思维海阔天空地行走

思维开阔固然是好事,但是当人们专注于一件事时,还是应该秉持"两耳不闻窗外事,一心只读圣贤书"的原则,避免过多的信息干扰自己。

急躁、脾气暴的人会被视为情商低,他们在团队沟通中往往不受欢迎。在工作中,有胜任力的人不会上蹿下跳,说话、办事有条不紊,条理清晰。他们时刻注意自己的心态,不会给自己太大的压力,只将精力集中在一件事情上,闭口不提除此之外的其他事情。

3. 不给自己留退路

遇到瓶颈时,想要放弃的想法会疯狂滋长,此时所有的退路都会冒出来。比如,"休息会儿吧!""等会儿再做吧!""离截止日期还有好多天呢,明天再做也不迟。"看似不会产生严重的后果,其实不然,看上去再可行的退路都会断送掉目前的大好前程。因为只要你选择其中一条后路,心中紧绷的弦就松了。这一松,你便会发现半途而废的舒服，便再也无法集中精力做好一件事了。

无法支配自己的人，很难获得成功，忽而放纵、忽而激昂，只能说明他不是自己命运的主人。在日常管理中，通过培训提升员工的心理韧性，在工作中磨炼他们的心性，有助于未来某个时刻对他们委以重任。

学会开一个高效率的会

精细化管理不仅表现在严格的制度、准确的市场定位、完美的质量检测等方面，还表现在日常工作中要办事高效、不拖泥带水，始终以提高管理绩效为根本目标。

会议，是开展工作的一种手段。特别是在布置任务、总结经验、思想动员的时候，开会是最佳的工作方式。然而，许多公司开会时常常出现各种弊病，严重降低了组织运作效率，应当引起管理者的警戒。

具体来说，公司会议中常见的弊病有四种。

一是开牢骚会、扯皮会、批判会、邀功会，还有的会议是管理者唱独角戏。

二是议事缺乏规则。会议当场的反应往往是出于直觉、部门利益以及私人关系，缺乏客观理性。

三是临时会、突发会太多。项目流程的执行很容易被各种临时的会议、各种临时的决策干扰。

四是决而不行。很多国外成功公司的管理人员，在会上，如果有不同意见，可能会拍桌子，瞪眼睛，但一旦方案通过了之后，就两个字：执行！可是有的公司管理人员在会上不是拥护领导者，就是沉默不言，只管低头自写自画，走出会议室，就开始小声议论。

以上种种，都可以归结为会风不正。会风不正，主要有四个方面的原因。

一是管理者嘴上重视，心里无所谓。会上逞口舌之快，会下不闻不问，等发现问题才着急。

二是会议召集者沟通不力，往会上一推了事。出现问题大家相互推卸责任，反正也没有评价指标，说好说差两可。

三是参会者面上配合，实则各怀心事，有利则趋无利则避，言之凿凿，反正其他人也搞不清楚状况。

四是妄传之言岂有做好的可能，必然是干多错多，越能干反而偏差越大，最后苦了执行的员工。

因此，管理者要总结经验教训，在掌握团队成员心理诉求的基础上，把握好会议的节奏，提升会议的效率，对工作的开展发挥积极、正面的作用。

此外，管理者还要把握会议时间长短，尽量在短时间内作出部署。众所周知，一个成年人能聚精会神投入工作的时长大约是两小时左右。因此，会议的时间不宜安排过长，一般控制在半小时到两小时。开会要注意五个方面的问题。

一是大力提倡开短会、讲短话，注重会议实际效果。如果管理者的行为能够做到简洁，大家将会以此作为榜样。

二是准时召开会议。很明显，会议延迟召开是对时间和成本的浪费，其实这样的会议在我们日常工作中非常常见。杜绝会议延迟召开的办法是：给会议迟到者适当的惩罚、时间一到即召开会议。

三是会议议题不要安排过多。我们知道，目标太多，就等于没有目标。因为目标太多就无法抓住工作的重点。会议也是如此。每次会议的议题不宜安排过多，一般一到两个议题为宜，尽量不要超过三个。

四是尽量避免讨论与会议议题无关的内容。每次会议前都要计划好需要讨论的会议议题。会议负责人或会议主持人需要注意控制并限制讨论本次会议没有计划的问题。否则一旦放开，则很难收回，结果不是该讨论的问题没有讨论就是会议不得不拖延。

五是规定与会者的发言时长。有些与会者发言时口若悬河滔滔不绝，完全没有时间观念。解决这一问题的有效办法是：会议正式召开之前就和与会者约定好发言的时长，让大家在发言之前做到"心中有数"。

《经理人工作手册》的作者罗斯·杰伊说过："一旦会议召开，你就没有时间来浪费了。你必须在最短的时间里使会议顺利召开。"管理者要养成办事高效的习惯，开会的时候不拖泥带水，会议时间太长会让与会者"身心疲惫"，影响会议的效率。

执行赋能

利用逆向思维快速解决问题

很多员工在面对问题时，会按照自己的惯性思维去思考、解决问题，从没想过尝试新方法。如果他们正为眼前的问题找不到解决的办法而发愁时，不妨引导大家尝试利用逆向思维的方法来考虑问题，也许就会让大家豁然开朗。

这个世界丰富多彩，充满了无限可能，不必为了暂时的失意而懊恼。在有限的生命里，为何要固守一隅呢？那份苦闷、等待，注定无法与新鲜、丰富的探索相提并论。更重要的是，当员工告别墨守成规的时候，会极大地提升其认知力，也会让其进入一个全新的工作状态。

一家三口从农村搬到城市，想要租一套房子住。大多数房东看到他们带着孩子，都拒绝租给他们。最后，他们来到一栋二层小楼门前，丈夫小心地敲开了大门，对房子的主人说："请问，我们一家三口能租您的房子吗？"

房主看了看他们，说："很抱歉，我不想把房子租给带孩子的租户。要知道，孩子非常吵闹，我需要安静。"经历了又一次被拒绝，夫妻两人非常失望，拉着小孩的手转身离开。

孩子把这一切看在眼里，走了没多远，他转身跑回去，用力地敲了敲门。房子的主人打开门，疑惑地打量着眼前的小家伙。小孩对房东说："老爷爷，我可以租您的房子吗？我没有带孩子，只带了两个大人。"房东听完孩子的话，哈哈大笑，最终同意把房子租给这一家三口。

其实，事情没有想象中那么难，只是你自己陷入了思维定式而已。如果你懂得转换思维，自然容易走出困局，重拾好心情。

逆向思考是如此重要，然而在我们身边，很少有人具备这一能力。人们喜欢遵从已有的习惯去做事，不愿否定自己的思维习惯，这样只会限制创新思维，让视野变得狭窄。

倘若能转换一下角度，逆向思考，那么你就掌握了一条通往成功的诀窍。

逆向思维是解决问题的有效办法之一，当你因陷入固定思维模式而自怨自艾时，不妨尝试用逆向思维去解决问题，也许问题就会迎刃而解了。

执行赋能

在各自领域有所成就的人,不是那些一成不变、因循守旧的人,而是那些敢于创新、敢于打破常规、敢于质疑、敢于做出改变的人。

面对问题的时候,从相反的方向去理解、思考和判断,更容易找到正确的答案,从而从工作的失意和烦恼中解脱出来。

从错误中学习,而非发牢骚

许多大企业都不容许失败,以致许多员工明知计划不可行,还要一口答应下来,逞强逞能,直到纸里包不住火的时候,才承认自己的无知、无能。结果,造成了很大损失。

微软的做法则恰恰相反,失败早在预期中,管理阶层会提拔曾经失败但勇于负责的人,因为他们知道从失败中吸取教训,并从失败中寻求发展。能够勇敢接受失败,给员工犯错的机会,是微软对员工充分信任的一种表现,这样反而能让大家大展拳脚,有所作为。

1. 在纠错中走向成功

为了抓住网络事业发展的机会,1993年微软计划以2.68亿美元收购网络服务业——美国线上公司(AOL),结果遭遇挫折。于是,微

> 执行赋能

软决定开办自己的线上网络，这就是1995年微软网络（MSN）的横空出世。

微软网络（MSN）在50多个国家，以26种语言推出。起初，这项服务不太稳定，广告服务也一团糟，消费者也对微软的网络产品持怀疑态度。当时，连微软的管理人员都承认，他们的网络可能会在很长一段时间内落后于竞争对手。然而，比尔·盖茨却继续拖动这个线上服务，并在技术、服务等方面，不断对其进行改善。

今天，微软网络（MSN）已经赢得了越来越多消费者的认可，并拥有了一大批重视的顾客。而微软在网络事业发展的平台上也越来越有心得，越来越有经验。可以说，没有早期的不足、缺陷，没有盖茨的执着，就没有微软网络战略的胜利。

盖茨认为，微软还可能经历多次失败，有些可能是大家看得到的，有些可能不太明显，商业上的成功依赖于大胆尝试。

2. 方向正确，就要坚持下去

当年，微软开发面向网络的操作系统WindowsNT，做了第一个版本不成功，第二个版本不成功，第三个版本还不挣钱。这时候，大家问盖茨："这个东西真的还要做下去吗？如果再不成功怎么办？"

盖茨斩钉截铁地说："一定要做下去，因为我确信这个是对的。大家只要坚持下去，不断总结经验、教训，就能找到成功的路径。"

接着，盖茨耐心倾听员工们遇到的困惑和技术问题，并给大家做了细致地讲解。员工们自信、执着地坚持了下来，Windows 2000也成为微软最大的一个产品，并为其带来了丰厚的红利。

一个项目的方向是正确的，但是执行的过程中不到位、缺乏经验，导致错误的结果。面对这种情况，人们很容易失去耐心，甚至自我怀疑，乃至放弃了那份执着。盖茨认为，一个团队必须具备面对失败的勇气。只要方向正确，就应该坚持下去，找到成功的通路。

比萨饼创新之王汤姆·莫纳汉，先后四次面临破产的危险；轻型商用喷气机之父比尔·利尔，先后四次积聚财产，又失去了财产；亨利·福特曾两次破产，而后才成功推出T型汽车，并获得了巨大的成功。

然而，这些商业英雄都坚持下来了，并取得了卓越的成就。微软创始人比尔·盖茨就是如此。"只有坚持不懈，才有可能成功。"这是盖茨的座右铭。

微软对每一个员工灌输正确对待失败、尊重失败的思想，甚至提出"没有失败说明工作没有努力"。不惧怕失败，将失败看作走向成功的铺垫，是微软人的理念。

于是，你会在微软看到这样一种独特的现象：遇到失败以后，面对的不是批评、斥责或者评估损失，而是"残酷无情"的剖析过程，即分析失败的原因，并找到成功的通道。在微软人看来，这才是对失败的

执行赋能

尊重。

比尔·盖茨认为,失败是成功的一种需要。因此,在管理上盖茨更强调行动,不能因为怕犯错而拒绝执行。由此,微软形成了一种容忍失败的企业文化,反过来它又成为提升团队执行力的助推器。

第07章
细节管到位,事情才能做到位

> 执行赋能

工作无小事，细由勤中出

"战场上无小事"，很多时候，一件看起来微不足道的小事，或者一个毫不起眼的变化，却能改变一场战争的胜负。这就要求每一位军官和士兵始终保持高度的注意力和责任心，始终保持清醒的头脑和敏锐的判断力，能够对战场上出现的每一个变化、每一件小事迅速作出准确的反应和判断。

同样的道理，对一家公司来说，工作中无小事。它适用于公司的每一个人，上至总经理，下至员工。可以毫不夸张地说，现在的市场竞争已经进入细节制胜的时代。不论是从公司的内部管理，还是外部的市场营销、客户服务，细节问题都可能关系到公司的前途。

一个公司每天必须要做的事，就是重复平凡小事。一个公司即使有再宏伟、英明的战略，没有严格、认真的细节执行，再英明的决策，也难以成为现实。任何一个战略决策和规章法案都要想到细节，重视细节，任何对细节的忽视都可能导致决策失误。特别是执行环节，不仅要细致到位，而且也要注重执行过程中的创新与突破。这种执行环节的创新虽然与整体方案的创新相比更加细微，但正是这细微之处更能显现效果。

当年，联强国际是信息通路业的龙头，靠的就是每月、每周、每日的踏实执行力，联强国际总裁杜书伍是每日规划力的信仰者，他甚至会亲自检查经理的"行事日程"，以确认大家在会议上所决定的事宜已经排入每位经理每天的工作行程当中。在杜书伍的要求下，联强国际的日常管理才能深入每位经理人的头脑当中。

此外，联强国际执行多年的月制度也相当值得我们学习。每个月，他们会举行月报会议，每个人都要进行事前准备，向大家报告过去这一个月的工作进度。通过这个方式员工可以不断进行自我检讨，同时彼此分享心得，进而强化组织整体的协调性。

注重细节，就要勤动脑，勤动手，力求把所有的事情秩序化、规范化、流程化，就要比别人花费更多的工夫和精力。但这并不是每个管理者都能做到的。人的精力是有限的，经手的事情太多，眼前来看，好像面面俱到，未出纰漏，其实是漏了很多好机会，谁也不得而知。所以，一个优秀的总经理，要时时刻刻保持如履薄冰的心态，抓大事不忽视小事，放眼全局不忽视细节，这样才能保证在市场上立得住，立得稳，才能把小公司做强。

经营得当，不仅要做好大事，而且也要注重小事。重视日常管理的

执行赋能

细节，表面上是小事一件，事实上是在确保大事的彻底执行，能够精准掌握执行的细微之处，从而减少不必要的意外与慌乱。此外，唯有小事处理得当，大事才有着落。对小公司来说，确立这种精细化管理的理念对提升团队执行力来说重要且必要。

1. 把小事做好是一种负责的态度

"一屋不扫，何以扫天下？"如果一个人连小事情都做不了或者不愿意去做，那又怎么能做大事？然而，在工作中，很多人总是希望能够去做一些难度大的工作，希望能立马展示自己的能力，得到重用。但是，实际上这种想法是错误的。工作无小事，一个人只有把小事做好了，才有可能去获得更大的成功。

千万不要抱着骄傲的心态，自以为是地认为自己就不应该做这么简单的事情，而不愿意去做小事。要知道，任何一个人都是从小事开始的。一个优秀的企业家也是从一个小小的伙计开始的；一个优秀的演员也是从做群演、配角开始的；一个将军也是从做士兵开始的，每一个做大事的人都是从一点一滴的小事开始做起的。

2. 在平凡琐碎的工作中锻炼自我

任何一件看似琐碎的工作都有其价值。如果一个人在小事上能够尽心尽力地做到完美，用饱满的热情和积极的工作态度去做，那这样的人才更容易在大事上取得成功。一个不愿意做小事的人总是用消极的心态去对待自己的工作，工作只不过是磨洋工的一种方式，而一个积极的人则会安心去工作，把小事当作锻炼和提升自己的机会，让自己的业务更加精湛。千万不要小看任何一件小事，大事都是建立在无数的小事的基础之上的。有些小事也蕴藏着巨大的商机。

在工作中，任何一件小事都关系到全局的发展，牵一发而动全身，每件事情都有其重大的影响。任何一件惊天动地的大事都是由小事构成的。身为企业的员工，就应该熟知工作的每一个环节，在做小事的基础之上，不断地积累，才能将大事做得更好。无论事情大小，只要是自己的工作，就要努力去做好。

执行赋能

真切地关心员工，心动才能行动

俗话说："浇树要浇根，带人要带心。"作为中国式领导，必须摸清员工的内心愿望和需求，并予以适当的满足，这样众人才可能追随你。

下面是专家分析总结出来的大多数员工的共同需求，作为企业领导对此要谙熟于心。

一是干同样的活儿，拿同样的钱。大多数员工都希望他们的工作能得到公平的回报，希望自己的收入符合正常的水平，即同样的工作，同样的报酬。员工不满的是别人干同样的工作，却可以拿到更多的钱。偏离准则是令人恼火的，很可能引起员工的不满。

二是被看成是一个"人物"。员工希望自己在领导、同事的眼里很重要，他们希望自己的出色工作能得到承认。鼓励几句、拍拍肩膀或增加工资，都有助于满足员工的这种需求。

三是步步高升的机会。多数员工都希望在工作中有晋升的机会。向前发展是至关重要的，没有前途的工作会使员工产生不满的情绪，最终可能会提出辞职。

除此之外，员工还希望自己的工作有保障，特别是那些身为一家之主并要抚养好几口人的员工来说，更是如此。

四是在舒适的地方从事有趣的工作。许多员工把这一点排在许多要素的前面，员工大都希望有一个安全、清洁和舒适的工作环境。但是，如果员工们对工作不感兴趣，那么再舒适的工作场所也无济于事。

当然，不同的工作对不同的员工有不同的吸引力。同一样东西对这个人来说是馅饼，对另一个人来说可能是毒药。因此，你应该认真负责地为你的员工选择和安排工作。

五是被"大家庭"所接受。员工谋求社会的承认和同事的认可。如果得不到这些，他们的士气就可能会低落从而缺乏工作效率。员工们不仅需要感到自己归属于员工群体，而且还需要感到自己归属于企业这个整体，是企业的一部分。

所有的员工都希望企业领导赏识自己，甚至需要自己一起来讨论工作，讨论可能出现的变动或某种新的工作方法。他们希望直接从领导那里得到信息，而不是通过小道消息。

六是不想要窝囊的领导。所有的员工都需要信赖他们的领导，他们愿意为那些了解他们的职责、能作出正确决策、行为公正无私的领导工作，而不希望碰上一个窝囊的领导。

执行赋能

不同的员工对这些需要和愿望的侧重有所不同。作为领导，你应该认识到这类个人的需要，认识到员工对这类需要有哪些不同的侧重。对这位员工来说，晋升的机会或许最为重要，而对另一位来说，工作保障可能是第一重要的。

鉴别个人的需要对你来说并非易事，所以要警觉一点。员工嘴上说想要什么与他们实际上想要什么可能是两回事。例如，他们可能声称对工资不满意，但他们真正的需要却是要求得到其他员工的认可。为了搞好企业内的人际关系，你应该了解这些需要，并尽可能创造能满足员工的大部分需要的条件。为此而努力的领导会与他的员工相处得很好，从而使得大家上下一心，有效地、协调一致地工作。

如果你希望自己成为一名具有激励力的领导，就必须表现出你对员工的关心。而关心员工的企业领导主要表现在：

激励员工做他们从未考虑过的事情；

让员工对他们所从事的工作感到满意；

发现并充分利用员工的专长；

发展员工们的兴趣爱好；

与员工一起工作，而不只是高高在上的领导；

真正倾听员工们的心声。

如果你真心实意地关心你的员工并表现出来，你将会满足他们需要被别人关心这一最基本的需求。那种感觉会使员工备受激励并努力工作。

企业领导表现出对员工的关心实际上并不需要花费任何东西，只需要你付出一点点精力，就能为企业积累大量的财产——为企业积极贡献的员工。换句话说，关心员工的领导能够激励员工关心他们所做的事，并使他们更加努力地去达成目标。

当你要求员工多走一步或走出他们习惯的地带时，你表现的关心和你给予的鼓励将会帮助他们抵制压力带来的消极影响。你要强调这样一个有力的信息：我们在一起，我们是一个团队。运用你的关心去激励你的员工，去关心他们的工作，去用心领导他们，就可以建立一支能够共同努力达到目标的团队。

优秀的领导就是那些在工作中能紧密地反映员工们的心声，与员工的区别不是职务更高而是职责更大的领导。记住：一个伟大的领导者从不会将自己凌驾于他的员工之上，除非是承担责任。

执行赋能

走进员工的内心,提高团队凝聚力

管理者只有走进员工的内心世界,全方位进行心与心的情感交流,培养共同语言,帮助他们确定自己的发展计划,给他们锻炼和学习的机会,灌输正确的团队精神,才能够激励他们创造业绩,并使团队充满活力。

管理者需要帮助员工理解组织愿景,引导他们接受工作中的挑战,这也意味着成长、自由与成就,这样的工作环境能够培育出强大的团队向心力。如果领导者尊重员工,员工也会还以尊重,并以责任为回报。因此,让员工因为责任而拥有对企业的一种使命感,他们必然会干劲十足。

TCL公司会竭尽全力营造一种温馨大家庭的氛围,让每一个员工都受到热情的鼓舞、温暖的关怀和愉悦的感召。在TCL这个大家庭中,时刻存在着一股强大的、积极的向心力,这种向心力在愉悦的工作氛围中加速了其核心业务的成长。

在塑造团队时，TCL从以下三个方面培育了团队成员之间的向心力。

第一，在工作上建立有吸引力的岗位工资制度。TCL集团公司实行的是"以岗定薪"的薪酬制度，根据工作性质的不同，会有不同的收入待遇。而且与同行业相比，TCL公司的收入是有吸引力的。

第二，在生活上结合感情激励，解决员工的后顾之忧。TCL倡导人性化的管理，一直为员工生活、成长着想，把为员工解决实际问题作为重要的工作来抓，使员工工作起来没有任何后顾之忧。公司总裁李东生认为，员工只有没有后顾之忧才能安心工作，因此，公司首先要为员工着想，员工才能忠诚于公司。

第三，在个人发展上，为员工提供自我实现的舞台。几十年来，TCL集团创造的一个奇迹，就是它的高级管理人才几乎没有一个跳槽的。对此，李东生说："吸引人才的有力措施是为其创造一个施展才华和实现自我价值的环境，TCL为人才提供的是超出金钱和福利的东西。"

团队是一个很有效的改变工具，要促使员工改变工作行为，把他纳入团队的范畴之内，然后慢慢地把团队意识巩固起来，继而使团队的凝聚力得以提高。一个聪明的领导，可以依照下列七大方法来提高团队的凝聚力。

1. 给予员工全体合一的认同

不论在会议的场合还是指派命令的时刻，中国式领导要在谈话中强调"我们""我们这个部门"或者"我们这个团队",如此,才能使员工觉得企业领导与他们是在同一阵线。如果一味地讲"你如何……"或"我怎样……",员工的心目中便会觉得工作团队不甚重要,所以也容易表现出满不在乎的样子。

2. 建立团体的历史

一方面,在适当的场合,企业领导偶尔可以把过去一些好玩、特殊而刺激的事件,不露痕迹地向员工叙述。另一方面,每当员工生日或其他值得祝贺的事件发生时,你应该主动安排庆祝会。这样,日子一长,团队的历史逐渐形成。有了历史,工作团队自然会对员工产生吸引力。

3. 强调团队工作的重要性

领导应该以身作则地表示"只要我们赢了,谁居功都无所谓"的观念,换句话说,领导时时刻刻要担心这个工作团队能否达到目标,而不必担心谁出风头谁居功的问题,如此,大家都会全力以赴。

4. 适当地对优秀的员工行为给予认可、褒奖

领导必须小心揣摩员工的心理,观察员工的表现,随时给予协助、认可、鼓励与赞扬,明确地向员工说明他们对团队的重要性。如果有哪一位员工赞美同人的表现,那么也应该褒奖这一位员工的建设性行为。久而久之,这个工作团队的气氛就会显得和谐而融洽。

5. 设立清楚而容易达到的团队目标

在制定公司的长期目标蓝图后，应该摘其大纲传述于员工，但是更应该在这项长期计划的参考架构内，制定一些短期而明确的目标。这些短期的目标应该让人一目了然，而且具体可行、容易达成。如果目标过于笼统而高不可攀，则员工的斗志容易丧失。

6. 实施团队激励的措施

除了个人奖金的制度以外，领导应该设定一套奖赏的办法，以便配合团队激励的政策。此外，企业或团队得到特殊的奖励，也应该与员工共享成果。

7. 心理上与员工保持亲近

要采用参与态度与员工保持联系，适度参与员工的团队，以便了解他们的感觉与想法。同时，也要注意保持一定的距离。

在一个企业里，如果各个团队都具有高度的凝聚力，那么员工会看重团队的名声，员工之间的隔阂就会消失，团队工作会更有效率。如此一来，整个企业的目标便易于达到，企业也得以生生不息。

执行赋能

带队伍要从细微处入手

提升团队的执行力,释放人才的价值,离不开管理者对员工的深入了解,以及细微之处的体察和关照。只有关心下属,赢得下属的忠诚,你才能真正建立自己的影响力,打造高效的团队战斗力。

在日常管理中,领导者与不同的员工打交道要秉承公正原则,对待员工要一视同仁。然而这并不是说,你面对所有的员工绝对一样,没有任何差异。事实上,这也是不可能的。

企业是由不同类型的员工组成的"大家庭",为了最有效率地进行管理,管理者需要了解不同岗位上的员工,而且要试着把他们看作独立的个体,即每个人都有各自的优缺点、喜爱以及专长,你还要了解需要做的都是些什么。然后,再考虑哪个人能干些什么,谁愿意干,只有这样才能让员工释放工作潜能。

为此,管理者应该针对不同类型的员工采取不同的管理方式,一句话，就是因人而异。这不是对"一碗水端平"原则的否定，而是对后者的有益补充。

1. 管理过于敏感的员工

过于敏感的员工生性较脆弱，对于大多数人能接受的建设性批评也会耿耿于怀。他们在工作中经常会为了避免批评而格外小心地工作，对于自己的工作他们会检查再三，并且会不厌其烦地复查他们所做的每一件事，这样做虽然减少了被批评的机会，但同时也让整个部门的工作进度受到影响。

对于这类员工的管理，你要使他们相信，以他们出色的专业知识，他们通常可以一次就把工作做好，并不需要反复检查。管理者应该指出，偶尔出现错误是在所难免的，一旦这些错误被及时发现并纠正，是不会影响犯错人的能力的。

这类员工一般具有良好的专业素养，工作能力较强，只要他们肯，他们的决策大多数是正确的。他们缺少的是果断，你所要做的就是要不断地给予他们鼓励，帮助他们把想法变成现实。

2. 管理有困难的员工

据有关调查，几乎半数的员工在家庭问题上都有不可明言之处。当你的员工遇到家庭问题而影响工作的时候，你要有一颗宽容的心。"优秀的员工不为家庭所困"之类斥责的话最好别说，否则只会招致员工的反感。最好的方法就是主动帮助员工解决问题，以使他尽快从家庭的困境中解脱出来。

很少有员工能不顾一切地工作，对于那些不能专心工作的下属，管理者要表示同情并给予安慰，帮助他们渡过难关。如果他的家属生病住院，你可以让他提前下班或推迟上班，或者帮他调整工作时间。但要注意，这种照顾只能给予特殊情况中的下属。

在帮助员工解决纠纷的同时，务必注意员工的情绪波动。俗话说"清官难断家务事"，你或调解人很有可能在解决问题的过程中出现过失。有的时候，也许员工能体会到你们那份弄巧成拙的尴尬心理，但若他们正在气头上，也许对你就不会那么客气了。不论怎样，你都要以照顾员工的情绪为主。

3. 管理年轻的员工

北大方正的创业者王选在谈到他一生的八个重要抉择时说道："1992年，我开始花大力气培养扶植年轻人，让年轻一代出来逐步取代我们的位置是我的第六个抉择。"

纵观世界上一些企业的创业者：英特尔的三个创业者，最年轻的只有31岁，另外两个也不到40岁；苹果公司的开创者也不到22岁，他三年内把苹果变成了500强；比尔·盖茨创建微软的时候只有19岁；雅虎的创业者也是不到30岁。由此可见，创业的都是年轻人，作为企业的管理者应该看到这个趋势。

年轻员工有着与老员工不同的思想价值观念。现在的年轻人更注重家庭生活，工作的选择范围扩大了，对工作各方面的要求也扩大了，对工作各方面的因素也变得越来越挑剔，如工资、住房、人际关系、福利待遇等。他们容易跳槽，对企业的依赖感和亲近感总不如老员工，并且最看重收入问题。

4. 管理易消极的员工

几乎每个企业都有消极的员工，也就是爱持否定态度的人。无论什么时候，只要你同意一件事，他们必定会反对。他们总是有一个一成不变的理由，那就是你想要做的，恰恰是不能做的。

当你对消极的员工提出新建议时，可以让他们开诚布公地讲出反对意见，并告诉他们："你们说得有道理，我很欣赏。既然我们要执行这项新方案，还是让我们商量解决这些问题的方法吧。我们必须尝试一下这种新方法，咱们一起工作，共同克服困难。"

作为企业管理者，你不可能让每个员工都满意。对于那些认为自己遭受不公平待遇的人，你可以运用智慧和耐心，使他们重振士气。为避免出现不公的现象，在作出决策的时候要解释清楚为什么要这样做。

第08章
奖惩分明让团队更有执行力

赏罚分明：我踢人，但也拥抱人

千里马跑得快，贡献大，就需要精心喂养，让它吃饱。这样一来，它的力气充足了，就能跑得更快。

同样的道理，对待贤能的人才、立大功的人，要给予充分的物质刺激，鼓舞他们继续做出新的成就。这样做，实际上是在表明一种态度，即有功劳的人会得到肯定、支持，是会被领导表扬的。

反之，那些破坏纪律、无法按时完成任务的人，就要受到惩罚，这既是对他们的一种警告，也是在表明领导者反对这样做事，必须加以改进。

有一次，韦尔奇到通用的一个主要事业经营地去视察，他对负责该处事业的经理说："这个事业已经经营得相当不错，但我觉得它可以做得更好。"

这位经理问道："是吗？你可以帮我找到答案吗？看看我们的盈

余，看看我们的投资收益率，我已经做到每个经理都想做到的事。你到底还要我再做什么呢？"

韦尔奇如实地回答说："我不知道答案。我唯一知道的是你可以做得更好。我给你一个月的假期，你完全不要想这里的事。你回来后，就想着你是刚被任命为这个事业部的经理，而不是已经担任了四年的经理。你以新经理的眼光，重新看看所有的作业流程，尝试不同的方式，以不同的角度去分析事情。"

这位经理仍然不理解韦尔奇的意思，一个月后他也没有做出任何改变。一年之后，他被辞退了。

韦尔奇认为，让一个人待在一个他不能成长和进步的环境里才是真正的野蛮行径或者"假慈悲"。先让一个人等着，什么也不说，直到最后出事，到了不可补救的地步，这时候才告诉人家："你走吧，这地方不适合你。"而此时他的工作选择机会已经很有限了，而且还要供养孩子上学、赡养老人，还要支付大额的住房贷款。这才是真正的残酷。

韦尔奇在踢人的时候，也拥抱人。担任董事长以后，他从通用电气公司外面聘用了很多管理人员，其中乔伊丝·赫根汉是第一位。她心直口快、性格坚定，是一位很聪明的管理者，在处理复杂纠纷方面受过良好的训练。

还有一次，韦尔奇正开着自己的大众轿车在新泽西的收费公路上行驶，突然引擎熄火了，车被拖到了一家修理站。在那里他遇到了一位名叫霍斯特·欧博斯特的德国技师。在随后的两天时间里，他开着韦尔奇的大众车四处进行越野试车，并建立了很好的关系。韦尔奇对他的胆量很是惊叹，便决定给他提供一份工作。一周以后，他便到匹兹菲尔德的GE塑料公司上班了。

霍斯特在那里工作了35年，得到了好几次提升。

发现优秀人才可以通过各种各样的渠道。韦尔奇一直相信："你遇到的每一个人都是另一场面试。"

事实上，不管他们来自什么地方，韦尔奇总是致力于发现和造就了不起的人。韦尔奇强调过很多观点，但他尤为注重把人作为GE的核心竞争力，在这一点上他倾注了比任何其他事物都多的热情。

由多块长短不一的木板所组成的木桶，其装水的多少将由最短的那块木板所决定，这就是著名的木桶理论。在企业的人力资源上，更是如此。木桶理论提醒我们：一个企业能有多大的发展，主要不是取决于企业所拥有的资本规模，而取决于企业获得了多少忠实的、有创造力的雇员。而保持一支创造性队伍的关键是最短的木板能够承受多大的压力。因此，把最短的木板变"长"或者舍弃，是企业实现跨越使命最为重要的环节。

管理者必须兼具软硬两手，既要踢人，也要拥抱人，实施起来坚决果断。拥抱人是一件好事，踢人虽然会使人痛苦一时，但绝对必要。如果执行之时优柔寡断，瞻前顾后，就会失去应有的效力。

差异化才是真正的公平

哈罗德·孔慈说:"对员工的一视同仁是一种不公平的表现,任何组织内的管理者必须对所属员工用心了解,实行差异化管理,最大限度地发挥员工的能力,从而给企业带来最大的效益。"

江苏省的森达集团本是一个小村子里不出名的企业,后来迅速崛起,成为全国皮鞋的一流品牌。这其中的奥秘就是重视人才,对人才与普通员工实行差异化管理。

一次偶然的机会,森达总裁朱相桂得知台湾地区著名的女鞋设计师蔡科钟莅临上海,而且准备在广阔的大陆市场谋求发展,他感到十分兴奋。随即赶往上海拜访蔡科钟。经过沟通,朱相桂确信蔡科钟是不可多得的人才,打算聘用他。但蔡科钟要求年薪不少于300万元。朱相桂最终下定决心,聘用了他。

消息传到森达集团总部,企业上下一片反对声。有人说,他是有能

执行赋能

力，但年薪太高，我们的员工等于替他挣钱，不合算；有人说，只是听说他很厉害，但到底怎么样，他设计的鞋子适不适合大陆市场还不好说，等他的本事显出来再谈年薪也不迟；还有人说，东河取鱼西河放，实在没必要。

但朱相桂认为，要想留住一名人才，必须给他提供有竞争力的薪酬，实行与众不同的待遇。他向员工们解释说，聘请蔡科钟先生这样的国际设计大师，能够不断推出领导消费潮流的新品种，占领更大的国内外市场，使森达品牌在国内外叫得更响。

蔡科钟上任后，果然不负众望，凭借自己良好的开拓精神，深厚的研发功底和对世界鞋业流行趋势的敏锐感觉，当年就开发出了120多种单鞋、凉鞋等高档女鞋品种。这些式样各异的女鞋一经投入市场，立刻成为顾客争相购买的"热货"。一年中，单蔡先生设计的女单鞋就为森达赚回了5 000万元的利润。一些刚开始议论蔡科钟年薪太高的人在事实面前，连连点头，年薪300万元留住一个难得的人才，值得！

平均主义是最大的不公平，在当今社会已经失去了存在的价值。员工之间的差异在任何组织内都是存在的，且是任何管理者都不可忽视的一门管理学问。如果管理者面对这些客观存在的差异视而不见，而一再强调对员工一视同仁，在企业内部便有可能造成管理层与员工之间的鸿沟，使企业的人力资源白白浪费，丧失企业应有的竞争优势。

管理者只有真正了解这些差异，分析这些差异，进而加以取舍和运用，采取对症下药的方式予以激励，才能真正发掘员工的价值。

成功的公司不一定要完全与众不同，也不是一定要循规蹈矩，关键是找到正确的道路并且坚持走下去。

失败也值得奖励

韦尔奇说:"人们犯错误的时候最不愿意看到的就是惩罚。"这一点我们每个人都有体会。他还说:"若是因为失败而受到处罚,大家就不敢轻举妄动了。"因此,韦尔奇采取"奖励失败,不只是奖励成功"的措施。

此外,韦尔奇还说:"我也奖励失败,我的一些人设计出一种灯,但效果不好,我还是给他们每人一台电视机。不然,人们就会害怕再做尝试。"我们总要明白:人人战战兢兢、提心吊胆地过日子的企业,它注定活不长。

韦尔奇强调:"我们必须让职员明白,只要你的理由、方法都是正确的,那么,即使结果失败,也值得鼓励。"

他这样做,显然是想让一切具有创业精神但因遭受挫折而感到沮丧的雇员知道,他们允许有坚持不懈的努力和创业的自由,也就意味着允许有做错事和遭受失败的自由。通过这类方式，通用电气公司内各产业集团中形成了"开拓再开拓"的小气候。韦尔奇要求每个部属都清楚自己的价值，同时也注意给他们创造出能实现这些价值的环境。

在韦尔奇的自传里，他讲述了这样一件事：

在我得到"中子弹杰克"这个绰号之前很多年，我实际上的确炸掉过一座工厂。

那还是1963年，即我在GE的早期。那年我28岁，在GE已经干了三个年头。我还清楚地记得那个春天，仿佛是昨天发生的一样。这是我一生中所经历的最为恐怖的事件之一。

爆炸发生的时候，我正坐在匹兹菲尔德的办公室里，街对面正好是实验工厂。这是一次巨大的爆炸，爆炸产生的气流掀开了楼房的房顶，震碎了顶层所有的玻璃。这次爆炸彻底动摇了所有人，尤其是我。

……

我们当时正在进行化学实验。在一个大水槽里，我们将氧气灌入一种高挥发性的溶剂中。这时，一个无法解释的火花引发了这次爆炸。非常幸运的是，安全措施正如原先设计的那样起到了一定的保护作用，爆炸产生的冲击波直接冲向了天花板。

作为负责人，我显然有严重的过失。

第二天，我不得不驱车100英里去康涅狄格的桥港，向集团公司的一位执行官查理·里德解释这场事故的起因。他是我顶头上司鲁本·加托夫的老板。鲁本·加托夫就是那个极力劝阻我不要离开GE的人，他也参加了会议,不过我才是准备挨批的人。我已经做好了最坏的准备。

……

那天,他表现得异常通情达理。他几乎是以苏格拉底式的方法来处理这起事故。他所关注的是我们从这次爆炸中学到了什么东西,以及我们是否认为自己能够修理反应器的程序。他还问我们是否应该继续进行这个项目。这一切都是那么充满理解,没有任何情绪化的东西或者愤怒。

"我们最好是现在就对这个问题有彻底的了解,而不是等到以后我们进行大规模生产的时候。"他说道,"感谢上帝,没有任何人受伤。"查理的行为给我留下了深刻的印象。

当人们犯错误的时候,他们最不愿意看到的就是惩罚。这时最需要的是鼓励和自信心的建立。首要的工作就是恢复自信心。当一个人遇到不顺或者是挫折的时候,人云亦云是最不可取的行为……

在危急关头人云亦云很容易使得人们陷入我所说的"GE漩涡"中,开始恐慌,并逐渐陷入自我怀疑的无底洞,就会发生所谓的"GE漩涡"。

这种事情同样也发生在坚强、聪明且充满自信的数十亿美元公司的总经理们身上。顺利的时候,他们一般都会做得很出色,但是一旦做了某些错误的计划或者一桩赔钱的买卖——并不是第一次——自我怀疑的心理就开始慢慢地侵蚀他们了。于是,他们开始对每一件事情都没有了主意,他们赞成每一个提议,为的是及早走出会议室或者将这件事拖到以后再去处理。

　　这是一件非常可怕的事情。很少有人可以从这个"漩涡"中恢复过来。领导者曾经尝试所有可能的手段以帮助这些人摆脱"漩涡"——或者更好一些，去避免它的发生。

　　花旗集团前总裁沃尔特·瑞斯顿也曾说过，"不能从失败中吸取教训，则是罪过。"管理者们可以通过鼓励甚至奖励失败，着手培养敢于冒险、充满自信的工作团队。鼓励别人勇于冒险的一个方式是以自身的失败作为例子，坦诚地谈论自身的错误与挫折以及从中得来的经验教训，让员工知道当你害怕、对结果没有把握时敢于冒险。

　　一家保险公司的总经理担心销售人员太害怕失败，甚至面对精确估计的风险也犹豫不决，于是在一次销售会议上她采取了行动。她在桌子上放下了两张100美元的钞票，讲了她最近的一次失败及从中获取的教训。然后她说，只要与会的其他人遭遇的失败比她的更大的话，便可赢得这200美元。当无人开口时，她抓起钞票说她会在每月召开的销售会议上重复这一要求。从第二个月开始，这个经理就再也留不住这200美元了。而当员工们开始勇于讨论失败时，销售部门也随之越来越成功，一年之内赢利便增长了三倍。

　　由于待开发的领域太多，"容许失败"早已成为微软工作程序的一部分。只要是在合理的范围内，微软人往往不需要为犯错而受到惩罚，因此不会因为畏惧而怯于挑战新事物。就员工而言，不但可以激发其想象空间，更不会轻易放弃任何一个含有进步因素的机会。对公司来说，容许失败正是进步的契机。

"勇于尝试必有所得",这项原则在微软轻松的工作气氛中获得了真正的实践。

"错误"这个词按照常理是不受欢迎的字眼,没有几个人会喜欢它,可是韦尔奇对它却采取了拥抱的姿态。韦尔奇说他创造的企业就是人的企业:我们造就了不起的人,然后,由他们造就了不起的产品和服务。韦尔奇是怎样造就这些了不起的人的呢?其中一个重要的机制就是允许失败,使他麾下那些本意善良的敬业的人在遭受挫败时学会了与错误共舞。

自信是企业业绩成长的动力,但失败却是大多数企业员工难以启齿的话题。当人们在尝试中遭遇失误或失败时,自我怀疑可能会压倒一切,这是人性的弱点。恐惧会阻止人们前进的步伐,但"失败并不是罪过"。

业绩是提拔员工的重要标尺

恰当、有效的激励机制，是提高员工积极性、促进企业工作效率提高的手段之一。给员工以晋升的机会，就是其中一个不可或缺的激励因素。它带给员工的不仅仅是一份更得体的薪水和一张更宽阔的办公桌。它同时还表明了一种认可、一种身份、一种荣誉和尊敬，它为员工带来的是满足与责任。因此，提升在任何时候都具有强大的激励力和凝聚力。它使人自信，主动追求卓越；使人充分发挥潜在的能力，处于持续不断的发展过程中。

但若按资历提拔不但不能鼓励员工争创佳绩，反而会养成他们坐等观望的态度。这会降低晋升的激励作用，甚至产生负面效应，打击员工的工作士气。最好的方法是"通过衡量员工的业绩去任用"。事实表明，用员工的个人成就决定员工的提拔升迁，将会更有效地激励员工，培养员工向优秀员工看齐的企业精神。

执行赋能

"业绩决定晋升",固然会给员工带来一定的工作压力,但重要的是它把握在员工的手中。拥有了晋升主动权的员工可以直观地看到自己努力与进步的轨道,让他们深切感受到赢得胜利的悸动。这一切均可产生强大的激励力,促使员工更加努力地工作,使劳动生产率达到最大化。

在美国施乐公司,为了促使员工努力工作,管理者在"提升员工"上狠下功夫。他们首先根据员工为公司创造利润的多少,将员工分为三类:工作模范,能胜任工作的员工和需要督促工作的员工。员工要想被提升到公司最高层的管理岗位上,首先必须让自己的业绩达到工作典范的标准。而要想成为较低层次上的管理者,最起码要达到能胜任工作的底线。至于需要别人督促工作的那一类员工,则根本得不到提升的机会。施乐公司通过这种机制让每个员工明白:只要你能不断创造更好的业绩,永远将有更高的职位等着你,反之亦然。

比尔·卡特就是"业绩决定晋升"的受益者。初进施乐公司时,他只是一名普通的推销人员,但他工作积极勤奋并善于思考。为了推销更多的产品,他让妻子在他的车里放上一大罐柠檬汁和一些面包,这样他可以整天在外面奔跑销售,而不必回家吃饭。卡特有自己的推销策略。

卡特靠自己超人的智慧和吃苦耐劳的精神,为公司销售了大量的产品,销售业绩一度位居公司榜首。为了鼓励卡特再接再厉,获得更好的成绩,公司将他提拔为销售部经理。迅速地提升,使卡特对工作充满了更大的热情和干劲。即使在街道上散步，他也会观察两旁的建筑群，思考如何使每一幢建筑里的公司都成为施乐复印机的用户。于是，他一再被提拔，最终被提拔为负责全国销售业务的经理。事实还证明，"以业绩决定晋升"，也是留住优秀员工，让人才为公司效力的最大原动力。

因为人才在工作中不只满足于工作本身，更强调自我的体现。这个道理虽然简单明了，可是许多管理者往往做不到。重要的是，他们常跟着感觉走，被表面的现象所欺骗，以致失去了判断力。很多时候，他们提升一个人，是因为这个人与自己投脾气。

在现实工作中，常常存在着这样一种现象：管理者在刚开始的时候会给予他喜欢的人才一定的发展空间。一段时间过后，被雇用的人才掌握了大量的工作经验，轻而易举就能把工作做好。这时，他的工作能力与现有的位置已极不相称，晋升是解决这个问题的有效手段，通过晋升可以把人才的创造力长久地保持。可惜的是，很多管理者常常忽视了这一现象的存在。结果人才因能力被束缚而备受压抑，工作热情逐渐降低，失去了原有的生气和活力。

弗兰克是一家跨国集团的副总裁。在一次到加州分公司视察时，弗兰克发现那里的销售经理科尔曼是个难得的人才，便立即将他调到总部，担任总部销售科经理助理。弗兰克知道，以科尔曼的才华，这个位置有点大材小用。他打算让科尔曼先熟悉一下总部的销售工作，然后再另行安排工作。没想到一个月后，弗兰克被调任到某分部，担任经理助理一职。弗兰克在那里一干就是五年。五年后，弗兰克再次回到总部。他记起自己一度赏识的科尔曼，心想："他现在应该成为某分公司的负责人了吧？"

但是，一切出乎预料。站在弗兰克面前的科尔曼，已不再是那个充满激情和活力的年轻人，他变得愤世嫉俗，固执。弗兰克难过极了，怎么会这样呢？原来，科尔曼到总部后，很快就展示出他过人的才华，把经理助理的工作干得近乎完美，后来甚至全盘接管了经理的工作。他的上级深感离不开他，丝毫没有让他调走的想法。科尔曼只好停留在经理助理的位置上，多次晋升的机会与他擦肩而过。最初，科尔曼没有什么想法，但随着时间的推移，科尔曼对前途失去了信心，对工作也就不再认真对待了。

从某种程度上讲，如果企业不能为员工提供足够的升迁机会，多半是因为企业整体或某些部门停滞不前的缘故。这时，企业必须下定决心采取行动，设计一定的级别和头衔并创造出足够的层次，或者采用"优胜劣汰"等方法腾出位子，以便让有能力的员工被提升。

业绩管理是管理者必备的管理能力，业绩考核有助于管理者进行系统性的思考，如工作职责、工作目标、如何评价、如何激励员工发展等一系列内容。管理者做业绩考核时，一定要从全面出发，做到公平、公正。

必要的时候给予适度惩戒

作为一名领导者,在日常工作中不能老是做好人,有时候你也必须进行责备和惩罚。如果你不这样,错误的事情将会接二连三地发生,使你应接不暇,团队目标的实现最终会成为一句空话。此外,你这样做好好先生也就等于告诉你的团队成员:不管工作成绩或工作态度如何,你都不会在乎。当然,你不在乎,你的团队成员就更不在乎了。

当你的团队成员犯下的错误非常严重时,你必须执行某种形式的惩罚。当你必须用到惩罚时,切不可心慈手软、手下留情,不要犹豫不决。否则的话,拖得越久,对你自己和应该受到惩罚的成员来说,日子更难过,也越容易使团队其他成员谅解你的惩罚不公平。

惩罚的目的是防止未来再次发生同类型事件。因此,在实施惩罚的过程中,应谨记防止未来发生同类型事件的主要因素,而不必太过严厉。通常,在惩罚时要附带某种形式的纠正行动。

如果你的团队在走下坡路，那你该怎么办呢？首先，你应该以身作则，为整个团队树立一个典型模范。你不要指望自己做不到的事，却要求自己的团队成员做得到。

其次，你应找出某个范围来，集中精力全面整顿这一方面。比如说，你的团队规定每天的午餐时间是一个小时，多年来大家总是拖拖拉拉不遵守。有的人甚至过了两个小时还未回到办公室。如果你是新来的团队领导，你可以同时做出许多新的改革。如果不是，你就只能先解决某一个方面的问题了。你应将为什么无法接受这种状况的理由全部列出来，比如，对公司是一种欺骗，客户商谈业务会找不到人，团队形象遭破坏等。

然后，下决心惩罚那些仍不遵守团队规定的人。可以采用罚薪或留用察看、通报批评、记过处分等方式，必要时不妨给予除名，"杀鸡给猴看"，但是应注意公平合理。同时，你应将整个事件衡量一下，大家都将午餐时间延长，是否有其合理的原因，以及该如何相应给予处理。

等一切准备工作做好后，你可以召集全体成员，当面告诉他们这个问题的来龙去脉，以及解决的办法。你还必须有回答任何问题的心理准备，你会发现那些平时守规矩的人一定很不高兴。因为他们认为拖延午餐时间，相对来说等于是掠夺了他们的时间，从而加重了他们的工作负担。

等到你解决了一个问题后，再接下去解决另外一个，这样做事情就会很顺利。如果操之过急，会引起太多的怨恨，往往欲速则不达。不管你要做任何改变，你要记住：一旦开始，就要往正确的方向坚定地迈进，决不能三心二意。

单纯的肯定、赞美、责备或惩罚都不可取，在实际工作中应根据具体情况对团队成员多肯定，多赞美，在必要时不妨也恰当地给予及时的责备与惩罚，但要适可而止。

第09章
化危为机：坚持做难而正确的事

执行赋能

在困境中大胆突破"瓶颈"

一个企业管理培训班上,企业界的精英们正襟危坐,等着教授的到来。门开了,教授走了进来,左手提着一个大包,右手擎着个圆鼓鼓的气球。企业界的精英感到很奇怪,但还是有人像往常一样拿出笔和本子,准备记下教授的管理精要。

看到此情形,教授赶忙说道,"你们不用记,只要用眼睛看、用心想就足够了,我的课非常简单。"说完,他从包里拿出一只开口很小的瓶子放在讲台上,然后指着气球对大家说:"谁能把这只气球装到这只瓶子里去?当然,你不能这样,嘭!"教授滑稽地做了一个气球爆炸的手势。

众人面面相觑,都不知教授葫芦里卖的什么药。终于,一位看起来精明干练的女领导自告奋勇:"我想,也许可以改变它的形状……"

"改变它的形状?嗯,很好,请你来为大家演示一下。"

"没问题！"女领导走到讲台前，拿起气球小心翼翼地捏弄。她试图利用橡胶的柔软性，把气球一点点塞到瓶子里。但事情远不像她想得那么简单，很快她发现自己的努力是徒劳的。她放下手里的气球，无奈地说道："很遗憾，我承认我的想法行不通。"

"还有人要试试吗？"台下没人作声。

"那么好吧，让我来试一下。"教授拿起气球，三下两下解开系着的气球的嘴，"嗤"的一声，气球变小了。他把小气球塞到了瓶子里，只留下吹气的口露在外面。然后他用嘴衔住，用力吹气。很快，气球又鼓起来，胀满在瓶子里，气球嘴儿又被扎紧了。

"瞧，我只改变了一下方法，问题就解决了。"教授露出了满意的微笑。

他转过身，拿起笔在写字板上写了一个大大的"变"字，并说："当你遇到一个难题，解决它很困难，你可以尝试一下其他的方法。"他指了指自己的脑袋，"现在你们应该知道，思维的改变有多么的重要了吧！"

大家开始交头接耳。教授却示意大家安静，然后说："接下来，我们再来做第二个游戏，有没有人愿意参与？"他的目光将众人扫视了一遍后，指着前排一个大腹便便的男士说："你愿意配合我完成这个游戏吗？""没问题。"这位男士走上讲台。

"现在请你用这只瓶子做出五个动作，什么动作都可以，但不能重复。好，请开始。"教授告诉他。

执行赋能

男士拿起瓶子、放下瓶子、扳倒瓶子、竖起瓶子、滚动瓶子，五个动作瞬间完成。教授点点头，继续说："请你再做五个，但不要和刚才做过的动作重复。"男士又很轻易地完成了。

"请再做五个。"等教授第五次发出同样的指令时，这位男士已满头大汗了。

当教授第六次说出"再做五个"时，他终于忍不住大吼一声："不！我宁愿摔了这瓶子也不想再让它折磨我的神经了！"他把瓶子重重地放在讲台上，然后愤怒地走回到自己的座位。

所有人都笑了。教授笑着问大家："你们看到了，'变'有多难！连续不断地'变'几乎使这位先生发疯。可你们比我还清楚，商战中'变'有多么重要。那时你们就是发疯也要选择'变'，因为不变比发疯还要糟，那意味着死亡。"

现在，大家对这场别开生面的管理课品出点味来了，他们微笑着频频点头。

停了片刻，教授又开口了："现在，还有最后一个很简单的问题。"他从包里拿出一只开口很大的瓶子放到台上，指着那只装气球的瓶子说："谁能把它放到这只新瓶子里去？"

这只新瓶子并没有原来那个瓶子大，直接装进去是根本不可能的，但这样简单的问题却难不住头脑机敏的企业管理者们。一个高个子领导走过去，拿起瓶子用力地向地上掷去，瓶子碎了，他拾起一块块残片装入新瓶子里。

教授点头表示赞许，对这样的办法，精英们无人感到意外。这时，教授说："这个问题很简单，只需改变瓶子的状态就能完成。我想你们都想到了这个答案。但实际上，我要告诉你们的是：一项改变最大的极限是什么？"教授举起手中的瓶子，"就是这样，完全改变旧有状态，彻底打碎它！"

教授看着台下的精英们，补充道："彻底的改变需要很大的决心。如果有一点点留恋，就不能真的打碎。你们知道，打碎了它就是毁了它，再没有什么力量能把它恢复得和原来一模一样。因此，当你下决心要打碎什么时，你应当再问自己一次，我是不是真的不会后悔？"

讲台下鸦雀无声，精英们琢磨着教授话中的深意，而教授则收拾好自己的东西，对大家表示感谢后便走了。

教授以别出心裁的表演，生动地提醒企业的管理者们：如果你遇到难题，要懂得变通；因为不变就没有出路，不变比变更让人发疯；当你决心要变的时候，就没有退路了，因此你不能为了变而后悔。

如果想让企业获得新生，管理者必须在"新"与"旧"之间进行取舍，也就是说，光有"立"是不够的，还必须"破"。同时必须认识到，给企业带来优势的资源也会不断消竭，因此，管理者应及早转变发展的方向，导入新的资源，只有这样才能保持新的持久的优势，才能引导变革取得成功。

> 执行赋能

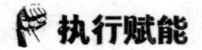

破除官僚主义，让企业轻装上阵

有人将管理归结为两个方面：一是制定规则；二是有效地执行它。但是官僚主义的最大特征就是既无法制订正确的规则，更无法产生效能。没有效率就没有效益，没有效益就没有利润，所以官僚主义是公司发展壮大的天敌。

官僚作风表现多种多样：办事拖沓、遇事推诿，呈而不议、议而不决、决而不行、行而不果，只知道发号施令、搪塞应付，不关心工作效率、公司效率，凡此类均属官僚作风。这在公司中普遍存在，只是程度不同而已。

IBM也曾深受官僚主义的侵害，后来管理者推进了一系列革新措施，才成就了"蓝色巨人"的未来。

1992年以前的IBM，整个公司的组织复杂，等级森严。在公开场合，人们可以从发言人的座席位置看出其在组织中的地位。每个管理者被提升时，公司内部都要举行隆重的新闻发布会。公司的管理者们并不关心客户的需求，把全部的精力都放在了公司内部的争权夺利上，只要一声令下，公司所有的项目都要立刻停止运营。

官僚主义让IBM公司内部"山头"林立，派系分明。管理层只是主持工作，而不是去采取实际行动。公司内的各个部门只关注自己的利益，大量的优秀人才的才华被浪费掉，他们学会了察言观色，见风使舵。业务部门之间除了喋喋不休的攻击和争论，表达反对的意见之外，就是保持沉默。最后导致各部门之间的竞争甚至比整个公司对外界竞争的程度还高。最后，官僚主义的盛行让IBM走向了破产的边缘，"一只脚已经踏进了坟墓"，成为奄奄一息的"大象"，直到郭士纳担任公司的董事长。

郭士纳是1993年4月1日上任的，同年4月19日的《财富》这样评价郭士纳："他是一个精明的人，甚至是一个天才。他精力充沛，善于宏观调控公司文化。"郭士纳的"精明与宏观"体现在他真正理解了IBM文化的"精髓"——IBM80年（1914—1993）的"精髓"在于两点：第一，IBM有着基于人性底蕴之上的科技创造力，这使得IBM就像美国电影中的"阿甘"一样，因为"若愚"一般的专注而获得"聪明人"不可能获得的成功；第二，IBM的失败只不过是由于过于自满而丧失了方向，由于丧失方向而从科技领先的榜样衰落为严重官僚主义的"各自为战"，从而抵消了战斗力，而不是丧失了战斗力。

为此，郭士纳上任后采取了一系列消除官僚主义的措施。

执行赋能

1. 设立风险管理组织

1993年，郭士纳先后建立15个从事开发小型新产品的风险组织：IBV（独立经营单位）和SBV（战略经营单位）。IBV在产销、财务、人事方面都有自主权，可以自筹资金，直属总公司的专门委员会领导，总公司除提供必要的资金和审议其发展方向外，对其经营活动一律不加干涉。

2. 改组最高决策层与总管理层

扩大最高决策层组织规模；建立政策委员会和视野运营委员会，分别负责长期和短期决策；调整总部管理，强化指挥系统（原有的系统是直线指挥系统）：由总公司、事业部门组（也叫执行部）和地区性公司、事业部（或地区子公司）及工厂组成。其中，总公司管理层的改组是通过成立企业管理办公室和事业运营委员会进行的；而事业部门组和地区性公司的调整，则是通过大规模改组完成的。

3. 实行有秩序授权与分权

给总公司事业运行委员会以较大的自主权；允许某些事业部门组扩大销售职能；对新建立的地区事业体采取分散化管理原则，使它们在开发、生产和销售等方面比原来的子公司具有更大的经营自主权，以利于提高竞争能力。

4. 改善公司的支持系统

健全咨询会议和各种委员会，聘请社会名流；严格执行业务报告制度，建立评价与指导系统。加强上下级的报告和定期总结评价；实行"门户开放"政策，建立"直言"制度，管理层欢迎职工来访，防止职工不满情绪，有利于防止官僚主义；坚持IBM的"三信条"，即"尊重个人"、"服务"和"完美主义"。战略可以变，组织可以变，永远不变的是"信条"。

在这一系列措施的作用下，旧有的官僚主义被打破、消除，IBM又开始走上了辉煌的发展之路，"大象"又重新"跳舞"了。

"官僚主义"者的特性表现在"摆架子""扯皮""拖延"等，他们不太喜欢身体力行、深入基层、认真调研，"官僚主义"存在的地方，效率低下，信息不通，决策不下，政策不达，机体没有活力。"官僚主义"就像病毒，会让一个庞大的机体产生"血管阻滞"甚至"癌症"等各种病患，那也许将是不治的顽疾。

在官僚主义盛行的企业组织中，因过多的层次和横向条块分割，使得组织内部的信息沟通出现障碍。命令的贯彻和任务的执行，经过层层关卡的拦截、过渡、甄别，不断弱化，最终的误差使执行远远偏离了预计轨道。

在全球性经济竞争时代，这种官僚主义的危害更为严重。全球企业竞争的不仅是科学技术，而且还有管理能力。在新的竞争形势中，公司

执行赋能

成败的决定因素，最主要在于管理能力。而官僚主义却在时时刻刻侵蚀着这种管理能力。

任何一家想快速进步并保持健康而稳定发展的公司，不应该给自己任何理由，必须坚决杜绝"官僚主义"，因为"官僚主义"是真正出色的企业管理者的大忌。

渐进式革新带来稳健成长

德鲁克说："商业目的只有一个合理的定义：创造顾客。市场不是上帝、大自然或经济力量创造的，而是商人创造的。在商人找到方法满足顾客的需求前，顾客可能已经产生了需求……但之前这只是理论上的需求，只有商人通过行动创造了有效需求，才有顾客，才有市场。"

渐进式创新，即通过持续不断地积累局部或改良性创新，最终引起质的变化，实现根本性的创新。实施渐进式创新，能够使企业发现技术的市场潜力及进行针对性的改进，真正理解到用户的需求，达到事半功倍的效果。

管理者只有审时度势，对企业的发展战略不断调整、选择并予以实施，管理体系才能不断地完善，创新能力才会逐步形成并不断升级。

联想创业伊始，以技术服务为积累资金的主要手段。1986年，联想研制成功第一个拳头产品——联想汉字输入系统，并以此为龙头，推动

执行赋能

技、工、贸的发展,形成了"大船结构"的管理模式。由此开始,联想逐渐走出了一条具有鲜明特色的渐进创新之路,它在发展历程、发展战略、管理、企业制度、领导班子等方面无一不体现出渐进创新的特点。

从1988年到1994年,联想从贸易型公司转变为开创型企业,以国际化带动产业化,形成规模经济,联想股票在中国香港顺利上市。1987年年末,联想集团策划了海外发展三部曲。

从1994年到1996年,联想完成了管理模式从"大船结构"向"舰队结构"的转变,开始实行事业部体制。在这一阶段,联想在管理上有了突破性进展,通过了《联想集团管理大纲》,从此公司走上了正规的战略制定道路。

随着技术竞争的日趋激烈,联想集团提出了"打破应用瓶颈,促进信息产业发展"的口号。1998年,联想与中国科学院计算技术研究所共建联想中央研究院,加大前瞻性基础研究力度,并通过进军软件产业,提高技术附加值。

1999年,联想提出了全面进军互联网,提出了"三合一"的IT厂商的新战略,推出"天禧"因特网功能电脑和全线网络产品,为新世纪联想的发展奠定了坚实的科技基础……

从以上的事实不难看出,联想的成长是创新的过程,且就内容看,大多数是针对本国国情的改良型创新。具体说来,联想的技术创新,能够发现技术的市场潜力及进行针对性的改进,能够真正理解中国用户需求,从而达到了事半功倍的效果。联想的管理创新,旨在提高资源组合效率，更多地涉及人与人之间的关系和机制，正中传统做法、体制、观念和缺陷之要害；联想的制度创新，集中在建立基本体制构架，如市场制度和企业制度，从体制上为技术创新和管理创新提供了行为规范。

管理正规化工作是创新型的工作，因为大多数企业到今天往往还不了解与市场机制相协调的正规化为何物；很多企业仍缺乏合格的管理人员，同样的创新，却意味要付出更高的制度和人力资源调整成本。

有鉴于此，企业创新的同时要逐步正规化，以创造有利于专业管理人员成长的环境条件，即创新和建立与现代企业相适应的管理体系的工作必须同步，与管理者相适应的管理体系的工作必须同步。

一个完整的创新过程，大致可以划分为三个阶段：发现问题，确立目标；选择突破口，进行规划；创新实践。

管理者的创新，首先需要发现问题，即对现状或传统做法产生不满意感。这里所说的问题是指实际状态与期望状态之间的差距。与期望状态相比，实际状态表现为落后、保守或差劣，因而导致管理者的不满足感。管理者要能够创新，首先就要求有发现问题的意识，这种意识是管理创新的力量源泉。

如果管理者有强烈的改变现状的愿望，有强烈的发现问题的意识，那么，他的头脑也就运转得快而有力，就会推出他自身也意料不到的好主意。创新要求管理者必须及时地发现问题，调查研究。在发现问题的基础上，初步地分析问题，从而确定切实可行的创新目标。创新目标的确立，是创新过程的第一个阶段。

在发现问题、确立创新目标的基础上，就需要选择创新的突破口。根据管理者的经验，创新可以从以下四个方面入手。

1. 从解决员工议论最多、关心最甚、影响最大的问题入手

任何一件事情的变化和发展都可能受到员工的极大关注，尤其是与员工切身利益有关的事情更应如此。作为一个管理者，要善于综观全局，把握形势，既要关心政治、经济和社会的稳定，又要密切联系员工，求得员工的理解和配合。

2. 从清除工作中的主要"拦路虎"入手

所谓"拦路虎"，即主要矛盾，或者说工作中的中心问题。因为在众多工作中必定有一个对全局起着决定性影响的工作，它的进展直接控制着全局的势态，决定着其他相关问题的性质和解决。管理者的高明之处，就在于能够准确地断定每一时期的中心工作和中心问题，善于抓住主要矛盾，把主要精力放在这个牵一发而动全身的拦路虎上，一抓到底，抓出成效，使工作朝着既定目标前进。

3. 从关键的环节和部分入手

有时，工作上出现的问题显得纷繁而乱如麻，似乎令人一筹莫展。富有创造性的管理者应敢于正视这一切，要冷静地进行分析，找出矛盾的主要方面。在一项工作的进展中，要区分主要环节和一般环节。虽然有些事看起来并不一定是大事，却可能是实现整个目标过程中的关键环

节，必须着力抓好。

4. 从问题最多的单位入手

客观事物的发展是不平衡的。由于各单位客观条件的差异而导致其发展不平衡，出现的问题有多有少，性质也不一样。管理者不可能同时对各单位的各种问题进行详尽的指导，而只能讲求效率地抓典型。从问题最多的单位入手，实际上就是抓后进典型。

为了推动后进典型向前发展，管理者要善于总结先进单位的经验和寻找后进单位存在问题的症结，进行比较分析，循序渐进，引入竞争机制，刺激后进单位提高效率。当然工作着重点在于解决后进单位的问题，如果是外部环境存在问题，则应帮助其改善外部条件；如果是来自内部，则要具体分析，对症下药，使工作得到根本的好转。

在选择了创新"突破口"之后，就可以着手进行创新规划了。

创新实践是在上述两个阶段完成创新目标、创新规划后的具体实施活动，是创新过程的最后一个阶段。创新目标和创新规划还只是纸上蓝图，实现这个蓝图还需要创新实践。在这个阶段，不仅仅是管理者个人的活动，还是管理者组织员工、带领员工去进行创新的群体活动。一项创新工作，需要大家齐心努力的合作。

在创新实践中，需要对原有的蓝图进行不断的完善、修正，因此，各种建设性的批评、建议，都是创新活动中必不可少的养料。有各种特长的员工开展协作，不仅能弥补个人的不足，还能相互启发，激发新思想的产生。

执行赋能

处理危机的"九大黄金法则"

一个企业有没有生命力，有没有竞争力，是不是可持续地发展，关键在于这个企业能否应对危机。可以说，应对危机的能力是管理者非常重要的也是最基本的能力。

企业在面临战略转折点时，往往首先引起的是管理者的情感反应，大多是情感性的直接反应"否认"，接下来是对过去成功的强调，用来支撑自己是正确的。只有在遇到挫败之后才会进入反省，往往是在更大的失败后才承认现实，才开始发动变革，只不过这时候通常为时已晚。

正确处理好企业的危机，管理者应遵循以下九大黄金法则。

1. "24小时"法则

危机处理的难度是与企业处理危机的速度成反比的。速度越快，损失就越小。在网络时代，就企业响应危机的速度来说，24小时是个极限，因为"丑闻"会在24小时内扩散到全球各个角落，危机的走向就已经完成了。因此，管理者应在获悉危机发生后的24小时内启动危机管理机制，并做好准备工作。

2. "核心立场"法则

企业危机一旦爆发，管理者应在最短的时间内针对事件的起因、可能趋向及影响（包括显性和隐性）做出评估，参照企业一贯秉承的价值观，明确自己的"核心立场"，并且在整个危机事件的处理过程中，均不可偏离初期确定的这一立场。

"核心立场"法则强调企业对危机事件的基本观点、态度不动摇。值得强调的是，这种核心立场不应是暂时的、肤浅的、突兀的，而应是持久的、深思熟虑的，与企业长期战略和基础价值观相契合的。

3. "绝对领导"法则

缺失权威必然引发混乱，所以管理者应在危机乍现之时便对危机实行"集权管理"。必要时，授予相关责任人决策的权力。"绝对领导"准则强调的是"危机集权"。

4. "360度"法则

"360度"法则即企业围绕危机事件所做的一切管理决策都应以企业、受众、危机波及者为决策之基准点，进行全方位的考量和筹谋，"平衡"企业利益、客户利益、合作伙伴利益乃至舆论界（传播者与受众）利益。"360度"法则要求企业决策者、危机管理者具有战略能力、大局意识，以及社会责任感。

5. "最高利益"法则

企业的最高利益是无论如何也不容侵犯的，不计得失也必须捍卫的企业关键价值。"最高利益"法则是指企业在管理危机事件时的"倾向性"。协调各方利益并不意味着"无原则的平衡"，有所侧重本就是合理的。

6. "媒体友好"法则

危机处理的核心内容是信息传播管理。媒体是危机传播的主要渠道，向公众传播危机信息也是传媒的责任和义务。危机发生时，"Tell the Truth"（说实话）是危机处理的根本原则。所以，企业应在平时与媒体，尤其是相关主流媒体建立战略性的合作关系，监控好舆论导向，并及时公布信息，有效引导舆论方向。当危机降临时，不仅使危机的负面影响降至最低，还可以扭转乾坤，借势扩大企业的美誉度。

7. "单一口径"法则

解决危机需要"疏堵"结合——"疏"对外，"堵"对内。对于同一危机事件，企业内部传出不一样的声音，这是危机管理的大忌。结果，不仅会令原本简单的事态趋于复杂，更会暴露出企业内部的"矛盾"，甚至可能由此引发新的危机。

因此，对内必须戒绝那种未经授权便擅自发声的情况；对外则根据事前的部署，由指定的发言人发布信息。同时，"单一口径"法则不仅包括了企业对外的言论发布，也涵盖了企业对内的解释说明。

8. "信息对称"法则

"信息对称"法则是指在危机处理过程中应努力避免信息不对称的情况。理想状态是，在对内、对外两个层面上，保持信息管道的双向畅通。从操作的层面看，信息对称法则的操作要诀有四：其一，谨记"有信息比没信息好、充分的信息比片面的信息好"；其二，无论如何也不可让内外受众在失控的状态下胡乱猜测；其三，保证对内、对外发布的所有信息都是经过精心准备、严格审核，不该信口开河、即兴发挥；其四，不论对外还是对内，都应保持信息对称。

9. "留白"法则

"留白"法则，即在危机处理中，不能盲目封闭自己的转圜空间，不能轻易放弃自己的回旋余地。"留白"法则要求企业管理者在"危机处理资源准备"和"危机影响控制"两大层面留出一定的空间。一方面，管理者不应仅按照危机影响评估的"最低限"进行资源准备；另一方面，企业也不可从自己所能承受的"最高限"来尝试控制危机的影响。

绝大部分危机处理失败的案例，都与上述法则存在着或大或小的偏差。当然，上面的九大法则不能决定一切，在处理危机时必须有强有力的执行为后盾。解决危机只有采取比平时更为严厉、更为迅速、更为强有力的措施，才可能在公众面前赢得信任，昭示诚意。

执行赋能

没有完美的办法，但有更好的办法

今天的市场天天、时时在变，消费者的口味在变，技术在变，这对企业来说的确是一个挑战。为此，管理者需要坚信一点：天下没有完美的办法，但总有更好的办法。企业的未来，应该是更早了解市场变化，掌握客户的需求，进而迎合这种需求，持续改善内部管理和经营策略。

没有最好，只有更好，运用到商业活动中来，其实是一种持续改善的经营思想。许多成功的管理者都要求企业不断超越自己，在精进之路上狂奔。

持续改善，是指逐渐、连续地增加改善，由日本持续改进之父今井正明在《改善——日本企业成功的关键》一书中提出的。它要求所有雇员的努力、介入、自愿改变和沟通，涉及每一个人、每一环节的连续不断的改进：从最高的管理部门、管理人员到每一个员工。

持续改善的策略是日本管理部门中最重要的理念，是日本人竞争成功的关键。《哈佛商业评论》曾经评论说:"丰田最可怕的是一种原则的力量,一种追求极致的思维,而不是生产工具与方法而已。"把不断改善的思想融入日常管理,如果预知改善会更好,那么就必须坚持完成,这就是丰田的"改善精神"。

郭台铭显然从日本精益管理思想中悟到了精髓,并把持续改善当作鸿海未来发展的一种经营策略。

持续改善带来的效果是令人震惊的,颇有"水滴石穿"的神韵。它对企业不同领域或工作位置都有普遍的指导和借鉴意义。具体来说,持续改善的手段包括以下三个方面。

1. 坚持工作标准化

标准化企业必须合理利用一切可用资源,对人员、信息、设备和原材料的使用,每天都需作出计划,利用关于使用这些资源的标准有助于提高计划的效率。而工作领域标准化,是指将工程师的工艺或设计要求转换成工人们每天必须遵守的工作指令。

2. 坚守5S经营理念

Seiri:整顿——把不必要的东西清除出现场;

Seiton:整理——把留下的东西归类;

Seiso:清洁——对设备及周围环境进行彻底清洁;

Seiketsu:检查——运用上述三项原则并注重自身行为;

Shitsuke:素养——自觉性。

3. 坚决杜绝浪费

要节约，不要浪费，意味着利润的增加。通常，引起浪费的原因包括：过量生产，库存，次品或返工，生产，等待，运输。

市场每天发生着快速变化，大大超出人们的预料，有的趋势来得快，去得也快，这就需要管理者对客户的需要及市场变化具备及时掌控的能力，并不折不扣地执行好既定任务。

那些成功的企业能够对市场做出迅速调适，许多高新技术公司都想从它们身上找到隐藏的秘诀。其实，这里没有什么玄妙的技巧，无非在执行上坚定信心，有足够的决心把事情做好。

第 10 章
确保员工与组织共同成长进步

执行赋能

领导者要帮助下属获得成功

领导者的地位、权力很容易使个人产生优越感和满足感,并不自然地与下属"较量"。比如,在一次工作失误中争执谁对谁错、为了顾及自己的权威而损害下属的利益……要知道,这是一种错误和危险的领导意识。

TCL集团常务副总裁袁信成曾经谈到职业经理人获得成功的自我修炼艺术,其中包括:不与员工争利、不与下属争权、不与同级争功、不与上司争名、忠于团队组织、帮助他人成长等理念。

对此,英国卡德伯里爵士也说过类似的话:"真正的领导者鼓励下属发挥他们的才能,并且不断进步。失败的管理者不给下属以自己决策的权力,奴役别人,不让别人有出头的机会。这个差别很简单:好的领导者让人成长,坏的领导者阻碍他们的成长;好的领导者服务他们的下属,坏的领导者则奴役他们的下属。"

由此可见，在一个团队里，只有每个员工把自己的工作做好、不出差错，领导者才能获得最后的成功。因此，领导者最有效的管理方式是根据员工的才能、潜力委派任务，再适时加以指导和引导，帮助对方获得成功。

瑞典爱立信公司是电信新世界的领导者，公司拥有近10万员工，业务遍布全球140多个国家和地区。多年来，它在电信及相关设备供应方面均处于世界领先地位，那么这艘巨船是如何经受风浪考验，始终屹立不倒的呢？

爱立信公司的领导者非常清楚，企业想要在风浪滔天的海洋中安全行驶，必须依靠船长、水手等全体成员同舟共济。为此，它建立了一套高效的人力资源管理和开发模式，确立了有效的"合格管理者方程式"。

在爱立信内部，形成了这样的理念：管理者=业务经营者+运营管理者+能力开发者。也就是说，管理者首先要关注并倾力于业务工作，同时，大力塑造和培育良好的团队气氛。更重要的是，管理者必须提升自己对员工能力的开发与管理水平。具体来说，要求管理者在员工个人素质与工作经验的基础上，领导和激励团队实现目标、有效地赋予下属责任和权力，并跟踪他们组织实施。

这种员工帮助精神使爱立信的商业计划和管理目标最终得以实现，逐步占据了行业先锋地位。

商场上的竞争说到底是人才的较量。请到高水平的人才，必然能让企业在竞争中占据主动地位。而真正高明的领导者会从身边培养人才，

执行赋能

让员工跟随企业一起成长,这才是最高明的管理大道。

那么,如何选用人才呢?"用人"首先要"识人",培养人才应该看他的贡献和能力,看他能否跟自己同心同德。"如果是一个跟你共同工作过的人,工作过一段时间后,你觉得他的人生方向以及对你的感情都是正面的,你交给他的每一项重要的工作,他都会做,这个人才可以做你的亲信。"

1. 不戴着有色眼镜看人

一位华人巨富说过:"在我心目中,不论你是什么样的肤色,不论你是什么国籍,只要你对公司有贡献、忠诚、肯做事、有归属感,即有长期的打算,我就会帮他慢慢成为核心分子,这是我公司一向的政策。"他的生意能做到全球,也就不奇怪了。

2. 坚持忠诚、能力并重

公司发展壮大,必须从内部培养人才。而在人才培养上,要坚持两点:一是忠诚,二是有潜能。通常来说,员工只要在工作上有好的表现,对公司忠诚、有归属感,经过一段时间的努力和考验,就可以把他们培养成公司的核心成员。这有助于公司快速成长。

松下幸之助就很重视企业人才的培养,他常对工作成就感比较强的年轻人说:"我对这事没有自信,但我相信你一定能胜任,所以就交给你去办吧。"员工听到这种鼓励和肯定,一定会尽全力完成任务,即使遇到困难也会想方设法找到解决问题的途径。

让员工拥有弹性的工作计划

随着信息技术的迅猛发展和办公手段的日益完善，固定的工作场所和工作时间已经没有多大的实际意义。固定的工作程序和规则只会限制员工创造力的发挥，不利于员工更好地成长。鉴于此，管理者进行工作设计时，应力争体现员工的个人意愿和特征，避免僵硬的工作模式，让员工拥有弹性的工作计划。

弹性工作计划包括弹性工作时间计划、弹性工作地点、工作分担计划、弹性的工作实施。具体来讲，就是在完成规定的工作任务或者固定的工作时间的前提下，员工可以自行采取可伸缩的工作时间，安排工作实施计划，以及灵活多变的工作地点，为员工营造一个自由发挥的创造性的工作环境。弹性工作计划使员工能更有效地安排工作与闲暇，达到时间和精力的合理配置，有利于员工更好地完成工作任务。

1911年，IBM在美国成立。经历了近百年的风风雨雨，今天的IBM

执行赋能

已经成为计算机市场上的"大哥大",它垄断了全世界所有发达国家的大型计算机市场,领导着计算机行业的发展潮流。IBM的管理者认为,IBM的成功凝结着千千万万员工的辛劳和智慧。在他们眼里,每个员工都有着无穷的潜力。只要给他们充分发挥聪明才智的空间,他们就能创造奇迹。每个人都有施展才华的欲望。

在实际工作中,有上进心的员工希望通过自己的工作设计完成工作,使公司得以健康发展,而不是在管理者的指导下完成任务。后者容易使人把"完成工作"归功于管理者指导有方,前者却能充分展示员工的实际实力,满足员工的成就感,使员工深刻体会到个人价值。为了激发起员工的主观能动性,IBM公司采取了独特的激励方式,给予员工极大的工作自主权,使他们可以像公司管理者那样,确定自己的工作任务。

让员工拥有弹性的工作计划,对于高科技型员工来说尤为重要。它可以最大限度地引爆他们的知识能量,让企业在人才竞争上赢得优势。相对于一般的员工来说,高科技型员工更多地从事思维性工作,具有特殊的技能,掌握着作为第一生产力的科学知识。这类员工对工作的自主性要求相对较高,他们不喜欢刻板的工作方式,不愿意受制于物,更无法忍受上司的监控和指挥。

因此,对于高科技型员工,管理者更应以弹性的工作计划来满足其需要。在实际管理过程中,管理者只需对高科技员工知识需要的投入和产出进行控制,工作过程、标准、方法、进度由他们自己安排,实行自我管理、自我监督。不要让他们受时间和空间的限制，更不要用刻板的方式来约束他们。过多的监督、控制和约束，只会扼杀高科技型员工的创造天性，束缚他们的个性张扬，不利于能力的正常发挥。

美国不少高科技企业为了激发员工的工作热情，留住来之不易的尖子人才，纷纷为员工打造弹性工作的平台。才华横溢的乔治，在美国硅谷的一家网络终端公司供职。在那里，他有一个好听的绰号——"快乐工程师"。三年前，乔治于斯坦福大学毕业。他非常渴望得到一份既能赚钱，又不耽误白天打高尔夫球的工作。乔治是一个超级高尔夫球球迷，到网络公司应聘时，乔治明确地将这一就业愿望表达了出来。

该网络终端公司当即满足了他的要求，乔治兴奋极了。到该公司就职后，乔治每天早晨10点左右起床，11点开始跑步，午饭后稍事休息便出去打高尔夫球，直到深夜他才真正开始工作，但工作效率和质量都非常高。现在，出色的工作业绩已使乔治身价倍增，许多世界知名的公司纷纷向他发出了"邀请函"，但乔治毫不心动。他说："原因很简单，在这里，我有独立工作的自由，以及更具张力的工作安排。而我需要它们，喜欢它们，是'自由'给了我无穷的创造力。"

"管理中没有激励是万万不行的，但同样不存在万能的激励措施。"作为一名现代管理者，永远不要企图通过"弹性的工作计划"这一激励措施，达到激励员工的目的，更不能企图用一个"弹性工作计划"去激励所有的员工。

在企业中，员工的能力良莠不齐，这是不容回避的事实。因此，制

执行赋能

定弹性的工作计划不可等同划一，应因人而异。在具体操作过程中，管理者首先应从宏观上设计出合理、公正的组织激励方案，然后，再从微观上针对不同员工的特点和真实情况，灵活而综合地制定出"弹性的工作计划"。这样，"弹性工作计划"才能有针对性地激励员工，最大限度地激发每个员工的潜能。

总之，"弹性工作计划"只是在一定程度上给了下属一个自由空间，并给了下属一定的激励，它可以降低因工作时间过长而带来的感官疲劳，并且提高工作中的民主性。弹性工作时间计划的实行，使员工乐于在工作中接受更大的压力，使管理变得更加和谐，减少了与上级领导之间的隔阂。这是一种无"薪"的激励，这种无"薪"的激励，则更能体现出管理者的领导能力和企业管理水平。

改变环境不如改变自己

从创立之初开始,企业就要面对充满不确定性的外部环境。遇到危机或突发状况的时候,有的企业改变环境,有的企业逃离环境,也有的企业主动改变自己去适应环境。第一种方法需要自己有较强的实力,一般企业根本无法企及;第二种方法则是自欺欺人,环境虽大,可逃的地方终究少,逃避解决不了任何问题;第三种方法从自身下功夫,而这才是正确的选择。

郭台铭白手起家,把鸿海发展成一家跨国公司,被美国《商业周刊》评为"外包之王"。他的成功,远远超越了"本身的资源及能力"。难怪他这样感慨:"我自己都没有想到会把企业做得这么大。"

早年,鸿海只是台湾地区的一家小企业。后来,它却做起了全球的生意,完成了别人认为不可能的事情。对此,郭台铭的解释是:"在压力中被迫创新,在成长中勉强传承,在运气中连番跃升。"

执行赋能

面对强大的竞争对手和市场压力，你必须创新；在成长过程中，要积蓄力量，一步步发展壮大；有时候，把握市场机会需要一点运气，才能跨过一道道坎。郭台铭和鸿海，是跌跌撞撞走过来的，要说有什么秘诀，那也是持续的努力和坚持不懈，以及自我革新的魄力。

面对困难和挑战，许多人想到了"经济不景气"，为自己寻找推卸责任的借口。殊不知，景气这个东西不要问别人，应该问自己，应该审视自己的商业信心、核心竞争力。有了必胜的信心、持续的热情、强大的竞争力，你就能不断创新、有所进步，更上一层楼。

IBM在电脑发展初期，公司上下均坚持这样一个信条："未来电脑发展将会走上电力公司的路子。"具体来说，未来人类将发展出像火车站一样，具有强大威力的主机型电脑，可供无数的使用者连线使用。各个领域的专家都同意这一观点。然而，就在这种火车站式、主机导向的信息系统正要进入人类的现实生活时，突然间，两个年轻人却打算开发全世界第一部个人电脑。

当时，所有电脑制造商都把这种机型当笑话看。从内存、硬盘容量、处理数据的速度，一直到计算能力来看，没有一项是PC可以赖以成功的条件。事实上，每一家电脑制造商均断言，将来PC一定会失败——其实在那之前的几年，施乐公司（Xerox）的开发部门就已经造出了第一部PC了，只是当时该公司也认为这种产品行不通，最终决定放弃。然而当这种产品在陆续上市之后，立即赢得了消费者的青睐。

回顾过去的历史，任何一个在市场上叱咤风云几十年的大企业，一且碰到这种突然的变化,一开始的反应都是拒绝接受事实。面对个人电脑的兴起,大多数主机型电脑制造商的反应都是嗤之以鼻。当时,IBM一家公司的年产量相当于其他所有同业的总和,而且其利润也创下历史新高,非常可能和其他公司有相同的反应。结果恰恰相反,IBM很快就接受了PC这种产品。

管理阶层撇开一切旧有的政策、规则和规定,几乎是在一夜之间,就成立了两个互相竞争的开发团队,要求其设计出更简单的PC。两年后,IBM已经变成了全世界最大的PC制造商,该公司所生产的个人电脑的规格也成了产业标准。

对于同样的环境,施乐公司固守陈旧观念不思改变而错失了商机;IBM公司虽然在最初也同样不看好PC机,但它仍然以适应市场为主,抛弃陈规做出了快速反应,因此成为世界上最大的PC制造商。

在现代竞争激烈的市场环境中,那些以自我为中心、不肯改变自己的企业只能被市场所淘汰。

只有那些能够自如地应对经营环境的变化,不断进行自我变革的企业才可能超越时代保持住自身的优势。

执行赋能

不要忘了与员工利益共享

在创业之初,很多管理者都能与他人"共苦",维持亲密的关系,抱团打天下,但等到企业发展壮大了以后反而不能"同甘",有的甚至反目成仇。其实,与人共患难并不是一件困难的事,因为危难情况下,共渡难关、同舟共济往往是唯一选择。但困难的是在危难之后,苦尽甘来,仍能不忘记为你"打江山"的员工,这才是最难得的。

企业刚发展的时候,一般比较艰难。一个总经理,几个员工,再加一间小屋,几个人同心协力,白手起家,终于成就了自己的事业大厦,这样的例子在商业史上数不胜数,许多企业巨头由此而来。

这时,大家付出得多,收获得少,所以,对于跟着自己干的兄弟,绝不能亏待他们,无论从感情上还是从公司的长远发展来看,一定要善待他们,尽量给他们提供好的工作环境和个人待遇。

我们熟悉的牛根生把蒙牛集团做得这么大,主要是因为他的为人,因为他处理与下属关系的态度。

在伊利工作期间，因为业绩突出，公司曾奖励牛根生一笔钱，让他去买一辆好车，结果牛根生却用这笔钱买了四辆面包车，使得其直接下属每人都有了一辆车。

据牛根生身边的人介绍，当时牛根生还曾将自己108万元的年薪分给了大家。这其实都是牛根生给部下的一种心理暗示：只要我能成功，绝不会亏待跟着我一起打天下的兄弟。也正是这样的做法，使得牛根生宣布单干后，曾经的老部下都义无反顾地投入其麾下。

经营者付出越多，得到的回报就越大，若只想别人给予自己，自己却难舍小利，那么"得到"的源泉终将枯竭。

1933年，经济危机笼罩着整个美洲大陆，大小企业纷纷破产，许多曾经威风一时的总经理都加入靠领取救济金度日的行列中。那些尚在运行着的企业也是如临深渊，小心翼翼地应对每一件事，唯恐出现一点小纰漏而导致整个企业崩溃。

在这种危机四伏的时刻，哈理逊纺织公司发生了一起大火灾，整个厂区沦为一片废墟。这对哈理逊公司来说无疑是雪上加霜，3 000名员工悲观地回到家里，等待着总经理宣布公司破产和失业风暴的来临。

他们在漫长的等待中，终于等来了总经理发来的一封信，信里只是告诉工人们在每月发薪水那天，照常去公司领取这个月的薪金。

在整个世界一片萧条，人人都在自保，不管他人死活的时候，能有这样的消息传来，会员工们大感意外。他们纷纷写信或打电话向总经理

执行赋能

表示真诚的感谢。总经理亚伦·傅斯告诉他们：公司虽然损失惨重，但员工们更苦，没有工资他们会无法生活，所以，只要他能弄到一分钱，也要给员工工资。

3 000名员工一个月的薪水是一笔数额巨大的资金，更何况纺织公司已经化成了一片废墟，别说是处在经济萧条期，就是在经济上升期也很难恢复元气。既然恢复无望，还要自掏腰包给工人发工资，总经理简直是疯了。

不可思议的是，亚伦·傅斯不只糊涂这一次，他还继续糊涂下去。一个月后，正当员工们为下个月的生计犯愁时，他们又收到了总经理的第二封信，信上说再支付员工一个月的薪水。

3 000名员工接到信后泪水夺眶而出。在失业席卷全国，人人生计无着落，上班都拿不到工资的时候，能得到如此的照顾，谁能不感念总经理的仁慈呢？

总经理的"糊涂"终于有回报了，第二天，员工们陆陆续续走进公司，自发地清理废墟，擦洗机器，还有一些人主动去南方联系中断的货源，寻找好的合作伙伴。

仅仅用了三个月，哈理逊公司重新运转了起来，在当时的环境下这简直就是一个奇迹。奇迹的取得是总经理慷慨的结果。

当初曾有人劝说亚伦·傅斯领取保险公司的赔款，然后一走了之；见他傻乎乎地用钱给工人发工资，批评他感情用事，嘲讽他糊涂。而这时那些人真正理解了他的经商之道。

亚伦·傅斯的经历告诉我们，舍得施恩，就会有回报，而且是出乎意料的回报。尤其是在别人困难的时候，你的慷慨更会让人感动，获得超出平时的高回报。

最后，管理者还要牢记一点：平时的高工资未必换来高度忠诚，困难时期的慷慨更能让员工感动。

对现在正一起与自己闯天下的兄弟，管理者一定好好善待，要给他们希望，让他们觉得你是一个可以依赖的人。当他们跟你同心同德的时候，你才能真正凝聚人心、发挥人才的潜能，而你的企业才能发展壮大。

在企业管理中，别忘了与员工一起分享利益和快乐。以下一些因素能达到和员工一起分享的目的：

一是如果员工的工作单调，试试给工作添加些乐趣和花样；

二是对于如何做工作，只给出一些提议，由员工自己选择去做；

三是在公司里提倡并鼓励责任感和带头精神；

四是鼓励员工之间的互动与协作；

五是有很大的庆祝活动，别忘记也让员工参加；

六是日常闲谈中多表示赞赏，让员工知道管理者是关心他的。

第 11 章
执行管理的艺术：把握好松与紧的尺度

执行赋能

人性管理与情感管理

1. 打好"人性"管理这张牌

在日趋复杂的社会里,一个高级工程师未必能成为一个优秀的领导者。道理很简单,工程师面对的课题是一种专业的功夫,而企业领导则需要一种较为综合、全面的素质。中国式领导的职责,就是要让企业这部机器很好地运转起来,产生最大的效果,因此,领导者要善于打好"人性"管理这张牌。那么具体应该如何做呢?

首先,我们要培养人性价值观。

耐心、和蔼是管理者应有的素质,并且要不断地培养这种价值观。人类是有感情的,尊重被领导者的人格,你同时也得到了他们的尊敬和忠心。他们有家人和朋友,也有爱好与厌恶,你若整天摆出一副居高临下的姿态,并且冷淡地对待他们,就会让他们失去为你工作的动力。

"己所不欲,勿施于人",这是管理上的金科玉律。当然,这并不等于领导会随意迁就员工的过错。

其次，化挑剔为引导。

现代领导的工作内容中，有时要充当师傅的角色，指出员工的错误，告诉他们哪里出了差错，然后让员工按正确的方法去工作。在这个"指导"的过程中，企业的有些领导往往会过分挑剔，似乎不加以严厉批评心里就不舒服。

千万别当这种领导。你在自己领域的知识和经验可能会比许多下属丰富，所以，你的工作就是要教导好手下的人并使之优秀起来，而不是整天去挑剔或显示他们如何比不上你。成功的中国式领导能鼓励下属，而不是批评他们。善于发掘员工自己还未认识到的潜在能量，是管理者的重要职责。

最后，尽力改善员工的工作条件。

员工手里有合适的工具，在愉快、舒适的环境中工作，效率最高。所以，作为一个领导，你有义务向他们提供合适的环境及设备。

2. 情感管理的"双面性"

被人重视的愿望来自我们内心深处。任何人都渴望引起别人的注意，不管他承认与否，他需要向人倾诉，需要有人倾听，有着热切被重视、受赏识的期望。

情感管理是指立足于个人心理效用而实施的一种精神管理，所以用情管理，必须立足于员工的人性、人情方面。以情管理是领导者理性的体现，其中的奥妙，若即若离的感觉，不知不觉的失败或成功，并不是在很短的时间里就能被揣摩透和运用好的。

　　人情只有运用得恰到好处，才能发挥其效用。情感管理用在工作努力、有贡献的员工身上，是一种爱护和精神激励，会产生出巨大的精神动力。经验证明，用微笑去鼓励远比严厉说教对员工的影响更大。在这种情况下，企业领导运用"人情"可以说是感情投资，可以换取更大的精神动力，从而创造出更多的财富。

　　但是，如果"人情"用在不用功、不努力、作风散漫的员工身上，不仅是一种浪费，甚至还会带来更严重的后果，使他更加没有责任感，更容易偷懒。对于这样的员工，你只有不客气地对其提出警告，施加压力或者干脆将其淘汰，才不会失策。

管理是刚性的,但管理者要有柔性的一面

近几年,在企业中掀起了一股"软管理"的热潮。什么是"软管理"呢?它是以情感投资为主要内容的管理模式。"软管理"热潮的掀起从一个侧面反映了柔性管理不可忽视的作用。相对于过去那种劳资对立的管理方式,"软管理"无疑赢得了更多的市场。

格力总裁董明珠在工作中却从来不带半分柔情,她是一个坚持原则的人,她用刚性的管理坚持着自己的原则。为了原则,她不惜让影响公司业绩的销售大户走人,可以顶住来自各方的压力来贯彻公司的各项战略。在董明珠看来,办企业就跟打仗一样,铁的纪律和制度是成功的保证,在战场上,用柔情是解决不了任何问题的。

管理是刚性的,没有柔性可言,但管理者却要有柔性的一面。对此,董明珠如是说:"所谓的柔性管理,我个人的理解可能是某一个员工遇到困难的时候,需要你帮助他,克服困难;或者我们的员工遇到一

些技术上的问题，需要再提高、学习，你是不是要去关心他？这些东西跟工作上的管理制度不是可以相提并论的事情，所以我一直坚持自己的原则。"

所以，虽然董明珠在别人眼里是铁娘子一样的管理者，但她在工作中也喜欢用真诚去打动别人，用行动和表率去带动别人、说服别人。而且，她和大多数女性一样，喜欢穿漂亮衣服和看电视剧，喜欢过着寻常人的生活。这时我们才能看出，董明珠既是铁娘子，又是柔女子。

世界上最柔软的有形物质莫过于水了，固有"柔情似水"这一说法。但水又是至刚之物，它可以穿山破岭、奔流直下、勇往无阻，固又有"水滴石穿"的说法。水是最柔的，它的柔可以克刚；感情也是柔的，看似柔软的感情同样可以起到摧坚化硬的效果。

所以，董明珠认为，有效运用好感情这一手段，是管理者取得成功的一个关键。

对员工进行感情投资，会使员工产生一种对企业的"归属感"，而这种"归属感"正是员工充分发挥自身能力的重要源泉之一。每个人都不希望管理者把自己视为小透明，更不希望自己有朝一日成为被解雇的对象。如果得到了来自管理者的感情投资，员工的心理会显得安稳、平静，他们会更愿意付出自己的力量与智慧。在格力，每一个人都把这里当作自己的家一样看待，这种归属感正是来自格力及董明珠对员工的感情投资。

对员工进行感情投资，能有效地激发员工潜在的能力，使员工产生强大的使命感与奉献精神。对员工进行感情投资是对其认可的一种方式，在员工的内心深处，会对管理者心存感激，认为领导对自己有知遇之恩，于是便更加尽心尽力地工作。

此外，对员工进行感情投资，还可以有效激发员工的开拓意识和创新精神。人的创新能力的发挥是有条件的，当心存疑虑时，通常不敢创新，而是抱着"宁可不做，也不可做错"的心理，在这种心理的支配下的人们只求把分内的工作做好。而当人们得到了管理者的肯定，与管理者建立起充分的信任感、亲密感后，员工心中的各种疑虑和担心便会消除，从而更愿意把自己各方面的潜能发挥出来。

其实，对员工进行感情投资，还必须要严格管理，两者缺一不可。日本管理大师松下幸之助说过："老板要建立起威严，才能让员工谨慎做事。当然，平常还应以温和、商讨的方式引导员工自动自发地做事。当员工犯错误的时候，则要立刻给予严厉的纠正，并进一步积极引导他走向正确的路子，绝不可敷衍了事。所以，一个老板如果对员工纵容过度，工作场所的秩序就无法维持，也培养不出好人才。"

那么，董明珠是如何把感情这种柔软似水的东西运用到她严格要求的工作当中去的呢？

在公开场合，董明珠总是衣着得体，面带笑容。她对普通员工的工作环境和生活环境非常关注。格力的员工生病了，哪怕是最基层的员工，董明珠也会立刻要求工会组织探望，有时甚至亲自帮助寻医问药。无论在物质上还是精神上，董明珠给予格力所有员工的帮助都是有目共睹的。

有一次，格力的一位部长生病住院了，得到消息的董明珠特地从外地打电话回来，让秘书替自己买一束鲜花去代为看望。回来后，董明珠又悄悄地买来一些营养品放在这位部长的办公桌上。总之，格力的员工有什么事需要帮助，在不违背原则的前提下，董明珠都会真诚地给予帮助。

于是，铁娘子一般的董明珠给他人的感觉又变成了邻家大姐，既温柔又热情。对于部下和员工，应该如何统御呢？是严还是宽？是刚还是柔？董明珠的管理经验告诉我们，管理者要学会刚柔并济。

通过协调，使"松""紧"平衡

在管人实践中如果片面地理解和运用"松紧有度"，难免会如盲人摸象一样有失偏颇。那么，通过一个什么样的渠道把这二者有机地结合在一起呢？答案是协调，只要掌握了正确的协调方式，就能达到松紧平衡的管人新境界。

从整个协调体系来讲，有的是通过权责和制度来协调的，比如上下左右权责范围的划分、责任制度和事务配合；有的是通过计划来协调的，比如部门之间的生产期量协作；有的是通过领导的活动来协调的，如指挥、调度、现场办公等。

协调能解决各种矛盾和问题、协调可以产生效率，有的管理学者也把协调归纳为管理职能之一，理应受到管理者的重视。

1. 企业内部的协调分类

企业内部的协调大致可分为两类。

执行赋能

第一类：垂直方向——处理好上下级关系。

协调一般内容：组织授权不合理，上下权责不清；下级不尊重上级职权，有越权行事、不服从行为；上级擅自干涉和干扰下级工作；上下级缺乏有效的沟通和理解；上级的不当指挥；上下级个人因素造成的问题（工作思路、习惯、作风等）。

协调的一般方法：组织协调，理顺组织关系，合理分工授权，明确上下权责范围；加强信息交流，广泛开展各种形式的交流、访谈、座谈；企业形成良好的工作氛围和团结一致的合作愿望；提高上下级的素质；上级的指挥要减少失误；建立明确的管理制度和责任制度。

第二类：水平方向——部门之间、岗位之间、生产经营的各个环节。

这是企业协调最大量的工作，也是一个难点，因为上下级之间的矛盾往往可以通过行政手段解决，上级手中的权力可以起很大的作用，而同级之间的问题要复杂得多。

协调内容（问题和矛盾所在）：机构不健全，职能上存在漏洞——例如："三不管"往往会引起推托和争抢；分工不明、职责不清，好事争抢、难事推托；机构臃肿，职位、职能重叠，人浮于事；任务苦乐不均；奖惩不明；部门利益冲突；本位主义；侵犯同级职权；个人因素；缺乏信息沟通，各行其是；供、产、销各环节的标准、期量、工序之间的衔接不平衡。

一般方法：组织调整——队伍精干，精兵简政，健全机构，明确权责；制度协调——健全各项管理制度，落实责任制度；科学计划——资源调整、任务分配、期量衔接等；加强教育，提高素质；加强信息沟通；营造团结一致、相互协作的工作氛围。

2. 协调工作的形式

在日常管理中，协调工作的形式多种多样，作为管理者则主要要了解如下三种。

第一种，会议协调。

为了保证企业内外各不相同的部门在技术力量、财政力量、贸易力量等方面达到平衡，保证企业的统一领导和力量的集中，使各部门在统一目标下自觉合作，管理者必须经常开好各类协调会议，这也是发挥集体力量，鼓舞士气的一种重要方法，常见的会议类型有四类。

一是信息交流会议。这是一种典型的专业人员的会议，通过交流各个不同部门的工作状况和业务信息，使大家减少会后在工作之间可能发生的问题以及矛盾。

二是表明态度会议。这是一种商讨、分析问题的会议。与会者对上级决定的政策、方案、规划和下达的任务，表明态度、感觉和意见，对以往类似问题执行中的经验、教训，提出意见，这种会议对于沟通上下级之间感情起到重要作用。

三是解决问题会议。这是会同有关人员共同讨论解决某项专题的会议，目的是使与会人员能够统一思想，共同协商解决问题。

四是培训会议。旨在传达指令并增进了解，从事训练，并对即将执行的政策、计划、方案、程序进行解释。这是动员发动和统一行动的会议。

第二种，现场协调。

具体做法是，把有关人员带到问题的现场，请当事人自己讲述产生问题的原因和解决问题的办法，同时允许有关部门提要求。使当事人有一种"压力感"，感到自己部门确实没有做好工作。使其他部门也愿意"帮一把"，或出些点子，这样有利于统一认识，使问题尽快解决。对于一些群众意见大的问题，就可以采取现场协调这种快速有效的协调方式来解决问题。

第三种，结构协调。

通过调整组织机构、完善职责分工等办法，进行协调。对待那些处于部门与部门之间、单位与单位之间的"结合部"的问题，以及诸如由于分工不清、职责不明所造成的问题，应当采取结构协调的措施。"结合部"的问题可以分为两种：一种是"协同型"问题，这是一种"三不管"的问题，就是有关的各部门都有责任，又都无全部责任，需要有关部门通过分工和协作关系的明确共同努力完成；另一种是"传递型"问题，它需要协调的是上下工序和管理业务流程中的业务衔接问题，可以通过把问题划给联系最密切的部门去解决，并相应扩大其职权范围。

事实上，只要善于协调，从上对下的管理通道就不会堵塞，松与紧的结合通道也不会堵塞。

3. 协调需要注意的问题

这里有五个方面的问题需要管理者注意一下。

第一，预防与解决问题相结合。

优秀的管理者应该有战略眼光，善于分析和推测未来，对可能发生问题和矛盾的环节，采取先期的预防措施，尽可能避免或者准备好补救措施。

第二，把问题消灭在萌芽状态。

密切注意，问题一旦出现苗头，就应该及时解决，防止问题恶化，最大限度减少损失。

第三，最有效的协调方式应该从根本因素入手。

既要治标更要治本，防止一个不断引发不同的问题或是重复出现同一问题，例如从组织设计、管理体制、管理制度、员工素质等原因引起的问题。

第四，善于抓关键因素。

作为管理者，细小烦琐的事情可以不必去理会或是交给下级解决，自己集中精力抓大事，解决重大问题。一般以下问题应引起足够重视：影响全局的问题、危害重大的问题、后果严重的问题、代表性的典型问题、根源性的问题、群众意见大的问题等。

第五，协调工作体现了一个领导的工作水平，因此要创造性地开拓新方法，要有魄力。

总之，在管理中不会运用协调的力量是不行的，因为通过协调，可以把过紧的地方放松一些，又可以把过松的地方变紧一点，这样就可以在松与紧的平衡之间达到理想的管人效果。

多一些领导，少一些管理

优秀的管理者不会让员工觉得他在管人，这对团队执行具有重要意义。在团队中管得过多、过细，往往会打破正常的管理秩序，让日常工作处于紊乱状态，最终影响公司的效益。

管理大师杰克·韦尔奇说："如果团队的大部分人是在被迫前进，那么这无疑是一种失败。管理只有建立在领导的基础之上，而不能将领导建立在管理的基础之上。"

今天，远景规划，人本管理和变革管理日渐成为左右公司成败的重要命题。在这种大环境下，用什么方式带领员工实现公司目标呢？有人可能说："要领导，不要管理。"许多家族公司的负责人对此深信不疑。

在一家美国公司的操作间里，一位中国主管看见美国调色师正在调口红的颜色，走过去随便说了一句："这口红的颜色好看吗？"

执行赋能

调色师听完以后，站起身来直视着他，回答道："第一，亲爱的杨副总，这个口红的颜色还没有完全定案，定案以后我会拿给你看，你现在不必那么担心。第二，杨副总，我是一个专业的调色师，我有我的专业，如果你觉得你调得比较好，下周开始你可以调。第三，亲爱的杨副总，我这个口红是给女人擦的，而你是个男人。如果所有的女人都喜欢擦，而你不喜欢没有关系；如果你喜欢，别的女人却不喜欢，那就麻烦了。"

这位主管此刻才知道自己管得太多了，不由得脸一红，连声向那位调色师道歉："Sorry，Sorry……"

对员工来说，领导者一会儿说东，一会儿说西，前后指令不统一，令出多门，交叉重复，会让人感觉无所适从。显然，如果主管太喜欢注重细枝末节，一定程度上会影响下属的创意，消灭他们的活力。这是执行管理工作的大忌。多一些领导，少一些管理，才是制胜之道。

在一个公司里，从销售、生产到物流资金的控制，这是浅层次的管理。更深层次的管理是组建高效的团队、制定正确的战略，以及带好队伍，让员工积极做事，形成良好的公司文化。公司负责人对此要有深刻的认识，才能让公司获得稳健发展，做得更长久。

事实上，在任何时候，管理和领导都缺一不可。"纯粹的管理"和"纯粹的领导"都不能很好地发挥作用。我们主张多一些领导，并不是排除一切管理，而是要强化领导的优势，解除管理上不必要的束缚，释放员工的活力。

1. 领导者要考虑合情合理

在团队管理中，有时候合理比合法更重要。当然，我们接受的是合理的法，而不是不合理的法。合法的决策如果不合理，如果失去了人情味，人们就很难积极主动执行。毫无疑问，这对管理者来说会形成一种无形的压力。显然，有效的管理必须让执行更容易落地，这就需要坚持合情合理的领导原则。

2. 关键时刻坚持强有力的领导

在相对稳定和繁荣时期，有限的领导与强力的管理相伴似乎使公司运转良好；在公司发展时期或重大转折的关键时期，强有力的领导伴随着某种适度的管理，可能更符合公司运作的要求，也有助于确保团队执行落地。

3. 领导是真正的制胜之道

无论什么时候，如果过分强调规范的管理体制而忽视领导作用，公司就不会取得重大发展，经营很容易走向盲目。特别是不断激化的竞争和逐渐成熟的商业环境使公司的生存与发展变得更加严峻，在此情况下，仅仅做好管理工作是远远不够的，公司更需要精准的领导和决策能力。管理虽然重要，但领导才是真正的制胜之道。

执行赋能

像和风细雨一样感化犯错的员工

"士为知己者死"，"士为知己者用"，这里面包含了深刻的管理哲学。在一个团队当中，领导者身怀宽容之心，采用循序渐进、示之以害、言之以利的劝谏方法，能像和风细雨一样包容下属的过失，不仅能感化下属，更能深得人心，成就事业。

曾仕强认为，抱持救人而非杀人的心态来考核，才能让有本事的人获得展示才华的舞台，才能给自己一个发展的机会。领导者能不能做大事，首先依赖于用人的智慧。虽说知人是治理、管理的关键，但是知人却不难，难的是如何用人。特别是面对一些犯错的人，有缺点的人，关键是领导者能用自己的智慧和心胸去感化对方。

美国空军著名战斗机飞行员鲍伯·胡佛经验丰富，技术高超。在长长的试飞生涯中，十分顺利的试飞许多种机型。

有一次，他在接受命令参加飞行表演完成任务后，他飞回洛杉矶，在途中飞机突然发生故障，问题十分严重，飞机的两个引擎同时失灵。他临危不惧，果断、沉着的采取措施，奇迹般把飞机降落在机场。

飞机降落后，他和安全人员检查飞机情况，发现造成事故的原因是用油不对，他驾驶的是螺旋桨飞机，用的是喷气机用油。

负责加油的机械功吓得面如土色，剪了胡佛便痛苦不已。因为他一时的疏忽可能造成飞机失事和三个人的死亡，胡佛并灭有对他大发雷霆，而是轻轻地抱住那位内疚的机械工，真诚地对他说："为了证明你干得好，我想请你明天帮我干飞机的维修工作。"

这位机械工后来一直跟着胡佛，负责他的飞机维修，以后，胡佛的飞机维修再也没有发生任何差错。

对属下的失误，领导者应给予理解并帮助查找原因，这样既可以竖立领导威信，提高属下的参与意识，同时有利于在总结经验的基础上为问题的解决打下基础。

如果一个人能够善待别人的过失，给予他人理解和尊重，帮他人恢复自信和坚强，那么，他就能获得别人的尊重和信任。因此，在与下属干部的交往中，领导者应该保持冷静、理智。置身事外，站在一定的高度，保持头脑的冷静和理智，能够更清楚的认清问题之所在。

大凡在事业上欲求进取，以事业为重的领导者，必须"不计小怨"，容人之隙。所以，在管理中，要坚持点到为止的原则，明确双方的权责，如果领导者抓住下属的失误不放，一味地抱怨、不停地怪罪，很容易失去人心，导致企业损失更多的时间和金钱。

执行赋能

1. 合理地宽容他人的过失

领导者在驾驭宽容、理解的时候必须注意，宽容不是不讲原则，不是放弃批评，息事宁人，做老好人。应该是坚持组织原则，相信人的长处和短处是可以相互转化的，而宽容他人的过失，就是要将他人的短处转化为长处，使其因为领导者对其错误的宽容、理解为激发更积极、健康的工作心态，从而实现领导者的目标。

2. 用化解的方式处理问题

在管理中实现"化解"的目标，而不是上来就想办法"解决"，才是高明的领导艺术。在人性的世界里，大家都有自己的利益诉求，所以管理工作变得困难重重。"以人为中心"，坚持人性化管理，在研究人的心理和行为规律的基础上采用非强制性方式，容易在员工心目中产生一种潜在说服力，从而把组织意志变为个人的自觉行动。